LA BARONNIE

DE CALMONT

EN LANGUEDOC

———

NOTICE HISTORIQUE

PAR

C. BARRIÈRE-FLAVY

CORRESPONDANT DE LA SOCIÉTÉ NATIONALE DES ANTIQUAIRES DE FRANCE

TOULOUSE

IMPRIMERIE ET LIBRAIRIE ÉDOUARD PRIVAT

RUE DES TOURNEURS, 45

—

1893

LA BARONNIE

DE CALMONT

EN LANGUEDOC

INTRODUCTION

La petite ville de Calmont, qui fait aujourd'hui partie du canton de Nailloux (Haute-Garonne), doit son origine à l'un des plus importants prieurés de Saint-Sernin de Toulouse, appelé autrefois Saint-Sernin de Pauliac. Trois églises du nom de Pauliac existaient au moyen âge dans la contrée. L'une, au sommet d'un coteau à l'ouest de Saverdun, était sous le vocable de saint Martial[1]. La seconde, citée par Grégoire de Tours dans la *Gloire des martyrs*, dépendait d'un monastère, près de Belpech, donné à l'abbaye de La Grasse en 1085; elle devint peu après l'église paroissiale de Gaudiès[2]. La dernière enfin, bâtie sur la rive gauche de l'Hers, dépendait de Saint-Sernin de Toulouse et fut le berceau de la paroisse de Calmont.

Les documents relatifs à cette localité sont conservés dans deux dépôts publics, les Archives de la Haute-Garonne et des Basses-Pyrénées. Les Archives communales devaient renfermer autrefois des pièces assurément précieuses; mais les incendies, les inondations, joints au vandalisme révolutionnaire, ont fait disparaître la majeure partie de ces titres. Plusieurs registres de délibérations communales des dix-septième et dix-huitième siècles ont seuls été conservés.

A l'aide des chartes relativement nombreuses que nous

---

1. Barrière-Flavy, *Histoire de la ville et de la châtellenie de Saverdun*, p. 172.

2. J. de Lahondès, *L'ancien monastère de Pauliac*, in *Revue des Pyrénées*, t. III, 1891, p. 144.

avons consultées, nous avons essayé de retracer le passé
de cette ville, dont les seigneurs jouèrent, jusqu'aux dernières années de l'ancien régime, un rôle assez considérable dans l'histoire du comté de Foix et du Languedoc.

Les trois chapitres, consacrés à l'étude des trois prin-
cipes ou des trois ordres qui constituaient la société
d'autrefois, renferment tout ce qu'il nous a été possible de
recueillir au sujet de l'histoire de cette commune. Nous
avons cru devoir entrer dans quelques détails de la vie
intime de la localité de Calmont; car, dans une monogra-
phie, des faits secondaires ne nous paraissent pas devoir
être écartés ainsi que dans une étude d'ensemble. Souvent,
de ces circonstances au premier abord insignifiantes, res-
sortent les caractères d'une société disparue et la font
revivre à nos yeux de cette vie si intéressante du moyen
âge.

La première partie, qui traite des origines de la paroisse,
contient des analyses de chartes, quelquefois monotones,
mais qui sont de nature à intéresser par la mention de
noms de lieu encore existant dans le pays.

L'énumération des seigneurs de Calmont, dont l'un, Jean
de Château-Verdun, fut mêlé aux luttes de la succession
de Foix au quinzième siècle, ne laisse pas que de présenter
des particularités curieuses.

Enfin, le dernier chapitre, bien moins riche en documents précis que les deux précédents, contient le récit de
plusieurs événements locaux où se meuvent des personnages considérables de l'endroit, et que rendent encore
plus curieux les moindres détails qu'on y relève, aussi
bien que la langue dans laquelle ils sont relatés.

LA BARONNIE
DE CALMONT

EN LANGUEDOC

CHAPITRE PREMIER

LES ORIGINES. — LE PRIEURÉ DE SAINT-SERNIN DE PAULIAC. — LA PAROISSE DE CALMONT JUSQU'A LA RÉVOLUTION.

La puissante abbaye de Saint-Sernin de Toulouse possédait au douzième siècle un prieuré dit de Pauliac, sur la rive gauche de l'Hers, attenant aux dîmaires d'Artenac et de Tramesaygues et à la communauté de Saverdun[1]. On ignore l'époque de l'établissement de ce prieuré dans le comté de Foix; mais dès 1109 nous le voyons obtenir la moitié d'un moulin construit sur son territoire par Raymond Pierre[2].

A partir de cette date, les libéralités en faveur de Saint-Sernin de Pauliac se rencontrent abondantes et constituent dans la suite un des plus importants domaines dépendant de la grande abbaye toulousaine. Nous mentionnerons les plus intéressantes qui renferment des noms de personnes ou de lieux que le temps n'a pas effacés de nos jours.

---

1. Abbé Douais, *Cartulaire de Saint-Sernin*, p. 370, no 531.
2. *Ibid.*, p. 129, no 178.

En 1113, Aldron fait donation à Pauliac de l'alleu qui lui venait de ses pères, situé dans la terre de Saint-Pierre de Sieuraguel, au lieu dit de *Monte Aldron*, touchant à l'est et au sud aux alleux de Nailloux et de Montgeard, et au nord à celui de Roque. Il abandonnait aussi à l'abbé Eblon les prés et bois sis entre Sieuraguel et la rivière de l'Ise, appelés Avejal. [Le mot abbé employé dans cette charte désigne par erreur le prieur de Pauliac[1]].

Willelm Gaufred et sa femme donnaient en mars 1154, au prieur Willelm de Lux, des terres et des vignes qu'ils possédaient à Puit-Pelad, pour 3 sous toulousains et un setier de blé[2]; un an plus tard (mars 1155), Pierre de Léran, de concert avec son frère Bertrand et sa femme Aldiarde, abandonnait au même prieur une condamine dite *las lastrada dels furandz*, entre le casal de Luciana et les terres de Guillem de Baulias[3].

Dans la seconde moitié du douzième siècle, les libéralités abondent; le Cartulaire de Saint-Sernin en renferme un grand nombre. Disons seulement que le prieur recevait, entre autres possessions, l'honneur de *la Rua* (1156)[4], celui de Bonvilar, transmis par Guillem Aicio et ses fils (11...)[5]. En 1160, P. de Léran donnait la terre de Migana, entre l'Hers et un petit ruisseau de la rive gauche, et Sigfred de Léran abandonnait au prieur toutes les sources et les ruisseaux qui en découlaient depuis Pauliac jusqu'au château d'Arlun, avec permission de construire un ou plusieurs moulins sur lesdits cours d'eau, à condition que

1. Abbé Douais, *Cartulaire de Saint-Sernin*, p. 51, nº 37. — Sieuraguel ou Cinraguel, lieu dans le voisinage de Nailloux qui faisait jadis partie de la Commanderie de Caignac. [Voir A. Du Bourg, *Histoire du Grand Prieuré de Toulouse* (1883), p. 124-127.] La métairie de *Sieuraguel* est aujourd'hui située dans la commune et au nord d'Aignes (canton de Cintegabelle). La ferme de *Roque*, à 4 kilomètres au nord de Sieuraguel, se trouve dans la commune de Nailloux. Enfin, le nom de la rivière de l'*Ise* s'est peut-être perpétué par la métairie appelée *la Hise*, qui s'élève à une faible distance au nord de Sieuraguel.

2. *Cart. de Saint-Sernin*, p. 160, nº 227.

3. *Ibid.*, p. 158.

4. *Ibid.*, pp. 158, 159.

5. Arch. de la Haute-Garonne, fonds de Saint-Sernin, nº 6, liasse 19, tit. I.

le donateur aurait, sa vie durant, le quart des moulins et du revenu, qui reviendrait ensuite au prieur Guillem de Lux ou à ses successeurs[1]. D'autre part, Guillem Pierre de Goiro Vila faisait abandon au prieur d'une albergue de deux chevaliers que ce dernier lui devait à raison du dîmaire de Vila Folé, un samedi de juillet 1176[2], et Raymond Willem de Villemur, avec sa femme et ses fils, lui donnaient un nommé Pierre Ortolan, avec sa descendance, moyennant la somme de 8 deniers payable annuellement à la fête de saint Thomas (11...)[3].

Une difficulté s'était élevée dans le courant du douzième siècle entre l'abbé de Boulbonne et le prieur de Pauliac au sujet des revenus des terres cultivées par les religieux de Boulbonne entre Tramesaygues, Saverdun et l'église du prieuré. Un accord vint mettre fin au différend, un mardi de juin 1164, en présence de W. Bernard de Marquefave, Arnaud de Ginars, Pons de Sorede et Bernard de Varnola. Il fut décidé que la moitié des prémisses et des dîmes de tous les fruits de ce domaine serait restituée par l'abbé au prieur de Pauliac, et qu'à l'avenir celui-ci pourrait y avoir un gardien pour prélever les revenus qui lui appartenaient de droit[4].

Avec le commencement du treizième siècle apparaît la première mention de Calmont. Un samedi de février 1201 (aujourd'hui 1202), Othon de Léran se donne comme chanoine à Saint-Sernin de Pauliac et au prieur Galard, avec ses possessions de toute nature en deçà ou au delà de l'Hers, dans le dîmaire de Pauliac et dans l'alleu de Calmont, en présence de Bertrand de Roquefort, de Pierre et Bernard de Durban, de plusieurs témoins dont les noms ne présentent aucune particularité, et de Bernard Raymond de Lux. Cette importante libéralité comprenait encore

---

1. Arch. de la Haute-Garonne, fonds de Saint-Sernin, n° 6, liasse 19, tit. XIII. — La date de 1259, portée sur cette charte, est celle de sa transcription faite à cette époque par R. Martin, notaire de Saverdun.

2. Abbé Douais, *Cart. de Saint-Sernin*, p. 511, n° 38. Peut-être la métairie actuelle de Villefare, dans la commune de Gibel, au nord de Calmont.

3. *Ibid.*, p. 369, n° 529.

4. *Ibid.*, p. 370, n° 531.

une vigne dite de la Gotella dont le prieur retirait 16 sous toulousains[1].

L'importance du fief de Calmont, où s'élevait déjà sinon un
château féodal tout au moins une maison fortifiée, fit disparaître
le nom de Pauliac, d'abord appliqué au prieuré de Saint-Sernin.
Cette transformation eut probablement lieu après la donation
d'Othon de Léran, car les actes postérieurs sont muets sur l'alleu
de Pauliac et ne désignent plus que le prieuré de Calmont. C'est
ainsi que le dimanche 16 mars 1215 (1216), Bernard Raymond
de Lux, gravement malade, et son frère Pierre Raymond, donnaient comme aumône à B., prieur de Calmont, la terre de
la Clotas, dans le dîmaire de l'église de Saint-Sernin, en présence
de Willelm Alssag, prieur de Boulbonne, W. R. Bossanela,
moine, R. de Vila liagre, W. et J. Barrillus et autres[2]. C'est la
dernière libéralité connue en faveur du prieuré de Calmont.

Dans le courant du treizième siècle, nous ne relevons que des
baux à fief et des transactions passées entre les prieurs de Calmont et leurs voisins. Le 19 novembre 1226, Raymond d'Escal-
quens, alors prieur, inféoda à Géraud de Claustra et à son fils
une vigne avec ses dépendances sous la rente du cinquième de la
vendange et de tous les fruits, et sous le droit d'arrière-capte fixé
à une poule[3]. Quatre années plus tard, un partage de l'entière
terre de Calmont fut fait entre l'abbé de Saint-Sernin et les héritiers d'Othon de Léran. Nous aurons occasion de nous occuper de
cet acte important en étudiant la seigneurie de Calmont; disons
seulement que l'abbé eut pour sa part un quart de ce territoire,
situé sur la rive gauche de l'Hers[4].

Une querelle s'éleva en 1256 entre le prieur de Calmont,
Symon, chanoine de Saint-Sernin, et le chapelain de Gibel, agis-

1. Arch. de la Haute-Garonne, fonds de Saint-Sernin, n° 6, liasse 19.
tit. IX. — Voir aux Pièces justificatives, n° II. — Ce document précieux
pour l'histoire de la paroisse fait mention du château de Calmont dont nous
aurons occasion de parler au chapitre suivant.

2. Arch. de la Haute-Garonne, fonds de Saint-Sernin, n° 6, liasse 19,
tit. XI.

3. *Ibid.*, n° 6, liasse 19, tit. XIII.

4. *Ibid.*, n° 6, liasse 19, tit. XIV.

sant tant pour lui qu'au nom de l'évêque de Toulouse, au sujet de
la perception des fruits et des limites des dîmaires de Saint-Jean-
de-Frezencs et de Sainte-Marie-de-Fogallencs. Trois arbitres
furent choisis pour trancher le différend : Sans de Nogarède,
chevalier, Pierre Tolsa de Calmont et Pierre de Sainte-Colome,
moine de Boulbonne. Il fut statué que Pierre Raymond, chapelain de Gibel, recevrait tout ce qui provenait des deux dîmaires
objets du litige[1].

L'année suivante, dame Gauda et ses fils Arnaud Guillem et
Sicred, coseigneurs de Calmont, inféodèrent à Symon, prieur,
tous les biens qu'ils avaient, s'étendant jusqu'au ruisseau Del
Batud, et aux honneurs des seigneurs de Calmont, avec défense
d'y élever un édifice quelconque. De plus, ils lui transmirent aussi
de la même manière un local sis entre la maison du prieur, la
voie publique et la maison des seigneurs. Pour toutes ces terres,
le prieur devait leur payer annuellement 6 deniers morlas d'oublies ; le droit d'acapte était fixé à 115 sous morlas ; celui d'arrière-capte à 1 denier, et pour celui de lods et vente, il devait être
donné 1 denier par sou dans le cas de vente et une obole par sou
pour gage. Enfin, si le preneur venait à se rendre coupable de
quoi que ce fût à l'égard des seigneurs au sujet du fief, il serait
passible d'une amende de 6 deniers morlas. Cette inféodation eut
lieu le XII des kalendes de... 1257, en présence de Jean, chapelain
de Calmont, de Guillaume de Braciac et Arnaud de Cavanac, chevaliers, de Raymond Saquet, Arnaud de Tortoral, etc.[2]

La chaussée du moulin dépendant du prieuré de Saint-Sernin
était l'objet des préoccupations constantes de l'abbé ; car, placée
sur une rivière rapide et sujette aux inondations, elle éprouvait
fréquemment des avaries considérables. Le 8 décembre 1286,
Arnaud de Villemur, abbé de Saint-Sernin, agissant du consente-
ment du Chapitre, l'inféoda à un nommé Bernard Vital Bascon, de
Nailloux, sous la redevance de 5 sous toulousains d'oublies paya-

1. Arch. de la Haute-Garonne, fonds de Saint-Sernin, n° 6, liasse 19,
tit. XVI. — La métairie de Frezens se trouve actuellement à l'extrémité
N.-O. de la commune de Calmont.
2. *Ibid.*, n° 6, liasse 19, tit. XVII.

bles à la Toussaint. Le feudataire devait veiller à l'entretien de la chaussée et empêcher les prairies voisines d'être inondées par les eaux de l'Hers. Il ne pouvait vendre ou donner en gage la chose inféodée, ni à un chevalier ou bourgeois, ni à un clerc ou une maison religieuse; mais dans le cas où il viendrait à la céder à toute autre personne, il serait tenu de payer par chaque sou de vente un denier, et par sou de gage, une obole. Les noms des religieux composant le Chapitre sont mentionnés dans l'acte, et il nous paraît intéressant de les citer : c'étaient Raymond de Saint-Loup, prieur claustral; Guillem de Martres, prieur d'Artaxona; Bernard Guillem, prieur de Sos; Vital de Martres, prieur de Martres; Bernard de Prinhac, prieur de Blagnac; Raymond de Montlandier; Sans, prieur de Licurac; Bérenguier de Montvieux, cellerier et aumônier; Bernard de Riucerio, prieur de Nérac; Bertrand de Grenlheco; Augier de Sarranca; Guillem de Saint-Amans; M⁰ Sans, ouvrier (c'est-à-dire *fabricien*); Pierre de Varilhes et Pierre de Cura moretano, chanoines de Saint-Sernin[1].

Une lacune considérable se produit dès la fin du treizième siècle, dans les titres concernant le prieuré de Calmont. Plus d'un siècle et demi s'écoule sans livrer à nos recherches une seule indication sur la paroisse qui nous occupe. Cette période coïncide, il est vrai, avec les incursions anglaises dans le Lauragais, avec les ravages des grandes compagnies, en un mot avec la plus sanglante phase du moyen âge. Le prince de Galles s'emparait, en 1355, de la ville de Cintegabelle[2] et il est probable qu'il n'épargna point Calmont. Nous pouvons en dire de même des routiers qui, dans la seconde moitié du quatorzième et au commencement du quinzième siècle, se livrèrent à toutes sortes d'excès dans le Languedoc. Il faut vraisemblablement voir dans ces faits la cause de l'absence de tout document de cette époque.

Nous savons qu'au mois de février de l'année 1460, Bernard Saquet, seigneur de Calmont, fonda un obit de 20 écus d'or, suivant acte passé par M⁰ Sans d'Abbadie, notaire de Saverdun,

1. Arch de la Haute-Garonne, fonds de Saint-Sernin, n⁰ 6, liasse 19, tit. XVIII.
2. Barrière-Flavy, *Cintegabelle au quinzième siècle.* Toulouse, 1888.

reposant sur les lieux dits de Terrecuque et de Font merlane[1].

Quelques années plus tard, en 1473 et le 13 février, le prieur Pierre de Montagnac vendait au seigneur de Calmont une métairie avec ses dépendances, sise à Bégulhac, et une terre à la Malvesine, contenant 70 sétérées de terre[2]. Il advint que peu de temps après un différend s'éleva entre ces deux personnages relativement au droit de perception de certains fruits sur la métairie de Bégulhac et sur celle de Nauriolle. Le procès traîna en longueur et arriva devant le juge mage de Toulouse qui rendit sa sentence le 18 février 1513 (aujourd'hui 1514). Les revenus des métairies en question furent adjugés à Laurent Allemand, évêque de Grenoble, *administrateur perpétuel* du monastère de Saint-Sernin, comme représentant du prieur de Calmont[3].

Nous devons signaler à la fin du quinzième siècle un titre intéressant et curieux dont il est opportun de faire connaître les principaux passages.

Jean de Château-Verdun, alors seigneur et baron de Calmont, fit son testament le 3 avril 1495. Entre autres dispositions, il fonda dans l'église de cette localité un obit dont les conditions furent ainsi réglées. Trois prêtres devaient résider à Calmont et y dire les offices pour lui, pour sa première femme comme pour la seconde, Dauphine de Vesins, et pour son prédécesseur Bernard Saquet. Les jours de grande fête, ils étaient tenus de venir chanter la messe dans la chapelle du château de Terraqueuse récemment construit. Pour leur entretien, les obituaires jouiraient d'une maison avec pigeonnier et jardin sise en haut de la ville; d'un champ et d'un pré dit de la Trompette près de la rivière de Frézens. Ils recevraient en outre 36 livres en argent dont 6 payées à Toussaint par le commandeur de Saint-Jean-del-Torn ; — 24 setiers

1. Registre de notaire de Saverdun, 1550.
2. Arch. de la Haute-Garonne, fonds de Saint-Sernin, n° 6, liasse 19, tit. XX.
3. *Ibid.*, série II, abbaye de Saint-Sernin. Bégulhac est probablement la métairie actuelle de *Bébuillac*, à quelque distance en aval de Calmont, sur la rive droite de l'Hers et en face du château de Terraqueuse. La métairie de *Nauriole* existe à l'extrémité nord de la commune de Calmont, à peu de distance de Frezens.

de blé à prendre, 4 sur le moulin de Calmont, 4 au château de Frézencs, 4 à la métairie du Viguier, 4 à la Vaqueria [1], 4 à Bégulhac et 4 à la Guariga ; — une livre de poivre donnée par le commandeur du Torn. Enfin le fondateur leur octroyait la faculté de faire moudre leur grain et cuire leur pain aux moulin et four de Calmont sans aucune redevance, et leur permettait de couper dans toute la seigneurie le bois nécessaire à leur chauffage.

Cet acte, écrit en roman, fut retenu par Me Arnaud Forgassia, notaire de Mazères [2].

Cette fondation obituaire, confirmée par les successeurs de J. de Chateau-Verdun, fut fidèlement observée pendant longtemps ; mais, par suite de circonstances diverses, les titulaires de l'obit se trouvèrent être des prêtres éloignés du lieu de Calmont et qui ne pouvaient se conformer aux clauses du testament. Au dix-septième siècle, par exemple, c'étaient les curés de Gensac en Comminges, de Saint-Germier de Muret et d'Arbouville (paroisse du bout du pont de Cintegabelle) qui étaient chargés du service de l'obit. D'autre part, les revenus avaient diminué dans une grande proportion ; aussi l'évêque de Mirepoix ordonna-t-il, le 19 mai 1627, qu'un prêtre ou deux au plus seraient seuls tenus de résider à Calmont et d'y célébrer les offices portés par le fondateur. L'obit demeura toutefois vacant pendant plus de quatre-vingts ans, et lorsque le vicomte de Paulo fit rechercher en 1730 quels pouvaient en être les titulaires, on découvrit que les sieurs Bétirac, curé de Saint-Germier de Muret, et Bouffartigue, curé d'Arbouville, étaient les héritiers des premiers prêtres pourvus de l'obit [3].

La sécularisation de l'abbaye de Saint-Sernin, en 1526, fit disparaître l'ancien prieuré de Pauliac et Calmont, qui ne forma plus qu'une dépendance directe du Chapitre abbatial. Le dernier

---

1. La ferme de *Vaquerie* est située à côté de celle de Nauriole dont nous venons de parler.

2. Arch. de la Haute-Garonne, fonds de Saint-Sernin, n° 6, sac T, liasse 9, tit. XIV et XV.

3. Le 30 septembre 1507, Me Jean Prouhet, curé de Calmont, donnait à Guillaume Vernerol, de Gaillac-Toulza, deux sétérées de terre au lieu dit à Pradas, dans la juridiction de Gaillac, et près du chemin public de la porte de Gaillac. (Arch. de la Haute-Garonne, série E, 503.)

prieur, dont le nom nous est parvenu, conserva le bénéfice jusqu'en 1532. C'était alors Philippe de Terrail, évêque de Glandèves[1]. Au commencement de l'année 1531, il eut un différend avec les consuls et habitants de la ville de Calmont, au sujet des réparations de l'église et du clocher. L'affaire alla au Parlement de Toulouse, qui adjugea aux syndic et consuls le tiers du revenu du bénéfice de Pauliac, pour être employé exclusivement aux susdites réparations, à l'exception toutefois de celles du clocher. Le 25 juin de cette même année, les syndics de Calmont et le procureur de l'évêque de Glandèves, Me Laurent Coqueti, prêtre, signèrent une transaction à Mazères, entre les mains de Me Ageri, notaire, en vertu de laquelle le prieur s'engageait à donner aux consuls 900 livres tournoises, payables : 700 à la fête de Sainte-Marie-Magdeleine et 200 en mars suivant, en vue de la reconstruction de l'église. Mais, comme le pont de l'Hers, qui menaçait ruine, exigeait une réparation plus urgente que le clocher, surtout à cause du commerce de la ville, il fut convenu que cette somme de 900 livres serait affectée à cet usage, attendu surtout que la communauté, soit par suite de la peste, soit à cause des mauvaises récoltes, se trouvait sans ressources[2].

Peu après, le chapitre de Saint-Sernin prit possession du bénéfice de Calmont à la mort du titulaire Ph. de Terrail. Le 25 avril 1532, en effet, les chanoines Bernard Cuelha, Pierre David et Jean de Gavarret, affermèrent les biens de la nouvelle prébende à Me Pierre Ouellié, notaire, Pierre Ortel et François Bernard, marchands et habitants de Calmont, pour trois années et *trois cueillettes,* moyennant la somme de 3,193 livres tournoises (à raison de 20 sous tournois par livre), payable annuellement en trois termes : à la Toussaint, à la Purification et à l'Ascension[3].

En 1535, la question de la réparation du clocher de l'église Notre-Dame de Calmont se posa de nouveau; car on a vu plus

---

1. Ph. de Terrail occupa l'évêché de Glandèves (Basses-Alpes) de 1525 à 1532.

2. Arch. de la Haute-Garonne, fonds de Saint-Sernin, no 6, liasse 19, tit. XXIII.

3. *Ibid.*, no 6, sac T.

haut que les consuls avaient, en 1531, opéré un virement de fonds, affectant aux travaux du pont les sommes destinées à la restauration de l'église. Le procès entre l'abbé de Saint-Sernin et Raymond Pames, chargé du séquestre des fruits du bénéfice, fut porté devant le Parlement de Toulouse; mais le résultat du différend ne nous est pas connu[1].

Les guerres religieuses de la fin du seizième siècle causèrent de grands ravages dans cette petite ville, dont les habitants, au dire de Lescazes[2], embrassèrent la religion réformée, à l'exemple de leur seigneur, le sieur de Château-Verdun, au mois d'octobre 1576. Les titres pouvant fournir des renseignements précieux sur cette époque font totalement défaut en ce qui concerne Calmont, et, jusqu'à la prise d'armes du duc de Rohan, nous ne savons rien des péripéties que dut traverser cette localité. L'église, détruite par les huguenots, fut réédifiée après la prise de Calmont par le maréchal de Thémines, le 21 août 1625. C'est ce qui résulte de l'ordonnance de ce commandant de l'armée royale en Languedoc, datée du 25 du même mois à Cintegabelle, et par laquelle il ordonne la démolition des dernières fortifications élevées au bout du pont, dont les matériaux devront servir à la reconstruction de l'église[3]. Toutefois, l'édifice ne fut rebâti qu'au mois de mars 1634 par le Chapitre de Saint-Sernin et le curé du lieu, qui dut y contribuer pour le quart. Les frais s'élevèrent à 1,200 livres[4].

A la fin du dix-septième siècle, deux importants procès divisèrent le Chapitre de Saint-Sernin de Toulouse et le curé de Calmont, François de Lussy. Voici dans quelles circonstances.

Après la révocation de l'édit de Nantes, l'ancienne église de Calmont se trouva trop petite pour contenir les fidèles et on dut se préoccuper de son agrandissement. Les Etats de Languedoc,

---

1. Arch. de la Haute-Garonne, fonds de Saint-Sernin, n° 6, liasse 19, tit. XXIII.
2. Lescazes, *Mémorial historique*, p. 123.
3. Arch. de la Haute-Garonne, fonds de Saint-Sernin, n° 6, sac T, liasse 1, tit. III.
4. *Ibid.*, n° 6, sac T, liasse 4.

votant, le 10 novembre 1685, une somme de 50,000 livres pour la reconstruction des églises de la province, avaient bien alloué 1,800 livres à la communauté de Calmont; mais l'estimation du travail s'éleva à 4,000 livres. Pierre Ailhot, maçon de Belpech, et François Bouché, charpentier des Allemans, s'étaient rendus adjudicataires de l'entreprise, le 26 juillet 1687. Les 2,200 livres, différence entre les fonds octroyés par les Etats et la somme évaluée pour la construction, devait être supportée partie par le Chapitre abbatial, partie par le curé. La contribution de ce dernier, comme fruit-prenant au quart, arrivait à 550 livres. François de Lussy prétendit n'être tenu à rien à ce sujet, et fut assigné en la Chambre des Requêtes, le 3 mai 1688, par le Chapitre de Saint-Sernin. Mais, de son côté, il adressait à M. de Bâville une requête demandant à être déchargé de cette contribution. Une ordonnance de l'intendant, du 17 avril 1690, déclara que la somme votée par les Etats pour Calmont exemptait de toute charge le curé de la localité.

Le Chapitre, mécontent de cette décision, exposa à M. de Bâville que le curé précédent avait, en 1634, contribué pour le quart à la réédification de l'édifice et que F. de Lussy ne pouvait en être aujourd'hui exempt.

L'affaire traîna en longueur, des requêtes furent faites à plusieurs reprises de part et d'autre, les fruits décimaux du curé furent même saisis. Enfin, le 14 octobre 1696, le Conseil d'État du roi, par un arrêt définitif, décida que l'allocation de 1,800 livres faite par les États à la paroisse de Calmont pour l'agrandissement de son église dispensait le curé de supporter une portion quelconque des frais. Défense fut faite au Chapitre abbatial de l'inquiéter à l'avenir dans la jouissance du quart des fruits décimaux [1].

Bien que l'église de Calmont eût été agrandie pour contenir les anciens catholiques et les nouveaux convertis, la plupart de ces derniers n'y firent que de rares apparitions. En effet, en août

---

1. Arch. de la Haute-Garonne, fonds de Saint-Sernin, nᵒ 6, sac T, liasse 9, tit. X.

1688, ceux-ci se réunissaient, à l'exemple de leurs coreligionnaires de Saverdun, sur la route de Gibel, pour chanter des psaumes et entendre la lecture de la Bible. Le premier consul, informé de ces faits par le curé, prit aussitôt des mesures énergiques pour interdire ces réunions et, au besoin, pour sévir contre les réfractaires. Le 10 août de la même année, tandis que les réformés, assemblés au bois de Triscat, se livraient aux pratiques de leur culte, plusieurs cavaliers, sur l'ordre du consul, fondirent sur eux, blessèrent un nommé Paul Cazalbou, et firent prisonniers dix-huit nouveaux convertis, hommes ou femmes, qui furent envoyés dans les prisons de Carcassonne[1].

Le second procès auquel nous avons fait allusion plus haut eut moins de durée que le précédent et se termina par une transaction. Une déclaration royale, à la date de 1686, avait décidé que les curés ou vicaires perpétuels qui abandonneraient les fruits de leur bénéfice pour se réduire à la portion congrue recevraient des gros décimateurs une pension annuelle de 300 livres et en sus les novales[2] de la paroisse. Le curé, François de Lussy, assigna le Chapitre de Saint-Sernin en Chambre des Requêtes pour obtenir de lui le payement des fruits des terres défrichées depuis sa mise en possession du bénéfice, c'est-à-dire depuis quarante ans.

Le chapitre alléguait ne devoir rien au curé et en outre que les novales étaient bien moins considérables qu'il le prétendait, la plupart de ces terres étant encore incultes. F. de Lussy affirmait que dans l'espace de quarante ans 68 sétérées et demi de terre avaient été défrichées.

Pour mettre fin à cette querelle, un accord fut consenti par les parties en 1690. Le curé devait prendre au lieu où étaient portés les fruits du dîmaire, et cela pendant six ans, jusqu'en 1697,

---

1. U. de Robert-Labarthe, *Histoire du Protestantisme dans le Haut-Languedoc, le Bas-Quercy et le comté de Foix*, de 1685 à 1789, t. I, p. 192. — Nous voyons aussi dans cet ouvrage que le pasteur de Calmont, Jean Molles, se réfugia avec sa famille à l'étranger, après la révocation de l'édit de Nantes (p. 122). — La métairie de Triscat existe aujourd'hui, à une faible distance S.-E. de Calmont, sur la route de cette localité à Saverdun.

2. On appelle *novales* des terres primitivement incultes et récemment défrichées.

trente sacs de blé à la mesure de Calmont; mais il devait dès lors abandonner toute prétention sur les terres déjà cultivées ou à défricher. De plus, les fruits de toute espèce récoltés dans l'étendue du dîmaire seraient ainsi partagés, trois quarts au Chapitre, un quart au curé de Calmont [1].

Voici quelle était dans les dernières années du dix-septième siècle la situation du prieuré de Calmont. Le 8 juin 1688, les chanoines de Saint-Sernin, Pierre de Cambolas et Georges de Terlon, l'affermèrent à Antoine Gavaudan et Dominique Ours, consul de Saverdun, pour quatre années, à partir du 1er juin 1688 jusqu'en 1692, à raison de 1,600 livres pour la première année et de 1,625 livres pour chacune des trois autres, *le tout avec le liard pour livre pour le droit d'espices et une paire de chapons ou 20 sols, à l'obtion du Chapitre*. La somme était payable à Toulouse, pour la Toussaint, la Purification et l'Ascension. Les fermiers avaient enfin la jouissance du vieux bâtiment des prieurs de Calmont. Il paraît que ceux-ci ne se conformèrent pas exactement aux clauses du bail, car, en 1690, le Chapitre les poursuivait en payement du fermage et faisait saisir leur mobilier [2].

Le dernier titre qui nous ait été conservé, relatif à l'église de Calmont, est le procès-verbal de la visite de cette paroisse faite par l'évêque de Mirepoix, Mgr de la Broüe, le mercredi 28 octobre 1693 [3]. Nous donnons un résumé de cette pièce qui renferme des renseignements pleins d'intérêt pour la localité que nous étudions.

Après les prières et les formalités d'usage, l'évêque procéda à la visite de l'église reconstruite depuis peu. Le chœur, ajouré par deux fenêtres, était carrelé et plafonné de même que la nef qui prenait jour par six ouvertures, trois de chaque côté. Il n'y avait point de porche à l'entrée du bâtiment, et la sacristie,

1. Arch. de la Haute-Garonne, fonds de Saint-Sernin, n° 6, sac T, liasse 5.
2. *Ibid.*, n° 6, sac T, liasse 6.
3. L'évêque de Mirepoix était accompagné de son grand vicaire, Germain Sabatier, docteur en théologie; de Jean-Baptiste Cavaré, docteur en théologie, directeur du Séminaire de Mazères; de Guillaume Soulié, bachelier en théologie, curé de Gaudiès, et de plusieurs autres prêtres et domestiques.

placée à la gauche du chœur, ne contenait presque rien en fait
d'ornements; les registres paroissiaux étaient bien tenus.

Les fonts baptismaux étaient en marbre.

Une confrérie de N.-D. du Rosaire avait été instituée, le
25 avril 1658, par l'évêque de Mirepoix, Mgr L.-H. de Lévis-Ven-
tadour.

Les bassins étaient ceux du Saint-Sacrement, de N.-D. du
Rosaire et de Saint-Sernin.

Dans l'église avaient été déposées deux cloches, une grande et
une petite, que l'on se disposait à placer au clocher, récemment
élevé au-dessus de la porte d'entrée. M. de Paulo, seigneur de
Calmont, en possédait une autre provenant du temple et qu'il
devait donner à l'église.

Le curé adressa ensuite à l'évêque ses doléances et ses récla-
mations. Il se plaignait beaucoup de ses paroissiens et en particulier des cabaretiers qui donnaient à boire les dimanches et
jours de fêtes aux heures des offices; des meuniers qui n'arrê-
taient jamais leur moulin et ne cessaient de faire le charroi; des
garçons et filles des nouveaux convertis qui n'étaient point
assidus à l'école ni au catéchisme. A ce sujet, Mgr de la Broüe
donna publiquement lecture d'une lettre de M. de Châteauneuf,
secrétaire d'État, ordonnant qu'un commissaire fût établi dans
chaque paroisse pour veiller à la fréquentation des écoles par les
enfants des nouveaux convertis, et qu'une amende de 5 sols leur
fût infligée pour chaque absence, hors le cas d'excuse légitime.

La paroisse de Calmont, y compris les annexes de Saint-Jean-
du-Torn et de Saint-Marcel, comprenait trois cents anciens catholiques communiants et autant de nouveaux qui ne *se donnaient
pas la peine de s'approcher des sacrements*. Il y avait aussi
quatre hameaux : Taudery (quatre maisons), La Cardine (huit
maisons), Fortanier (douze maisons), et Gilis (quatorze maisons) [1].

Le curé était tenu d'administrer les sacrements à Saint-Jean-
du-Torn, qui comptait soixante et dix habitants, et où il n'y avait pas
d'église, moyennant 20 livres, que lui faisait le commandeur de

---

1. Les hameaux de Fourtanier et de Gilis existent encore.

Caignac. En outre, il devait desservir la petite paroisse de Saint-Marcel, de cent quarante-six âmes, dépourvue aussi d'église et dont les fruits décimaux étaient perçus en entier par le collège Saint-Nicolas, de Toulouse, et l'évêque de Mirepoix. Le curé de Gibel avait été paraît-il chargé par Mgr de Lévis de l'administration de cette annexe avec une rétribution annuelle de 60 livres; mais, en réalité, c'était au vicaire perpétuel de Calmont qu'incombait cette tâche et sans traitement. François de Lussy demandait en conséquence d'être déchargé du soin de ces deux paroisses ou rétribué en proportion de sa peine.

L'évêque, en réponse aux demandes et observations du curé, ordonna l'achèvement immédiat de l'église et du clocher; il permit aux habitants de vendre ou d'échanger le champ servant de cimetière, et qui était trop éloigné de l'église, pour en acquérir un autre plus rapproché; il fit défense au curé de recevoir les cabaretiers aux sacrements; enfin, un vicaire fut établi à Calmont, à l'effet de desservir la paroisse de Saint-Jean-du-Torn. Les fruits-prenants de Calmont et de Saint-Jean seraient tenus de payer au curé 75 livres annuellement pour la rétribution du vicaire. L'évêque ne se prononça pas sur la paroisse de Saint-Marcel [1].

Toutefois, malgré les injonctions formelles de l'évêque de Mirepoix, les restaurations ordonnées n'étaient pas encore commencées quinze ans plus tard; et en juin 1707, Jean-François de Lussy, qui était encore curé de Calmont, dut faire sommer les consuls, au nom du Chapitre de Saint-Sernin, d'avoir à exécuter sans délai les réparations prescrites, notamment de changer les poutres de la toiture de l'église et de relever le mur du cimetière qui était ruiné [2].

En 1705, le curé de Calmont porta devant Me Isaac de Jossis, juge de la ville de Chalabre et subdélégué de M. de Bâville, une plainte curieuse contre les nouveaux convertis de sa paroisse. Le texte *in extenso* (Archives de l'Hérault, C 187) a été publié par

1. Arch. de la Haute-Garonne, fonds de Saint-Sernin, n° 6, sac T, liasse 9, tit. III.
2. *Ibid.*, n° 6, sac T, liasse 4.

M. U. de Robert-Labarthe dans son « Histoire du protestantisme, dans le Haut-Languedoc, le Bas-Quercy et le comté de Foix[1]. » En voici les principaux passages. Le curé dénonçait à l'Intendant la nomination de deux huguenots aux charges de consuls de la ville, et d'un troisième réformé aux fonctions de collecteur des tailles, « au mépris de la déclaration du roi de décembre 1698. » Il déclarait que ceux-ci et tous les nouveaux convertis affectaient de prendre « *des posteures indecentes, scandaleuses et plaines d'impiété* » dans l'église ; de tenir « *des discours desavantageus à la religion au sujet de la messe des prebtres...* » Les consuls, disait-il encore, permettent que les cabarets soient ouverts les dimanches et jours de fêtes aux heures des offices, « autorisant par eux mesmes le jeu, le blasphème et toute sorte de débauches d'intemperance, » etc...

En 1721, l'abbé de Saint-Sernin faisait condamner le vicomte de Paulo à lui payer la dîme du foin d'un pré et de la vendange d'une vigne que le seigneur retenait indûment[2].

A François de Lussy, le vieux recteur, qui était resté plus d'un demi-siècle à la tête de la paroisse de Calmont, succéda Bertrand Saillan, qui dressa en 1732 un inventaire des ornements et vases sacrés de l'église. Il eut lui-même pour successeur Laurent Azemar[3].

A la fin du dix-huitième siècle, le Chapitre abbatial de Saint-Sernin, en qualité de prieur de Calmont, avait droit aux trois quarts des fruits décimaux. Il percevait dans cette localité la dîme des blé, seigle, orge, avoine, foin et vin ; le douzième des millets, fèves, haricots, pois et légumes de toute sorte ; le vingtième de la laine des agneaux. Le revenu s'élevait à la somme de 6,186 livres[4].

---

1. Voir de Robert-Labarthe, *Histoire du protestantisme dans le Haut-Languedoc, le Bas-Quercy et le comté de Foix,* de 1685 à 1789, T. I, p. 390.
2. Arch. de la Haute-Garonne, fonds de Saint-Sernin, n° 6, sac T, liasse 4.
3. *Ibid.*, n° 6, sac T, liasse 9, tit. XV.
4. *Ibid.* — J. de Lahondès, *Les prieurés de Saint-Sernin de Toulouse dans le pays de Foix,* p. 30.

CHAPITRE II.

LA SEIGNEURIE DE CALMONT.

Le château de Calmont semble avoir existé dès la seconde moitié du douzième siècle. Il est du reste formellement mentionné dans une charte de 1202, signalée au chapitre précédent, et où il est dit qu'Othon de Léran donne entre autres biens au prieur de Pauliac — *domum de capite castelli de Calmonte...* (Voir aux pièces justificatives, n° II.)

Nous avons vu à cette époque le prieur de Pauliac recevoir des libéralités considérables de Pierre et Sigfred de Léran, qui possédaient alors cette seigneurie. Othon de Léran, appartenant à une puissante famille du pays, apparaît vers 1201 ; il est probable qu'il était le seul seigneur de Calmont et que cette terre demeura à ses descendants jusqu'au milieu du treizième siècle.

A sa mort, le domaine fut divisé en quatre portions, comme nous l'avons indiqué plus haut. Voici de quelle manière fut fait ce partage. Un mardi de juin 1230, sept habitants de Calmont pris pour arbitres, divisèrent ainsi la seigneurie, en présence de Raymond de Feler, prieur de Saverdun ; Arnaud de Monicus, prieur de Nérac ; Pierre de Saint-Marcel, chapelain de Calmont ; Arnaud de Galdino, Pons de Saint-Genies et autres. Quatre lots furent faits, deux en deçà, deux au delà de l'Hers. L'abbé de Saint-Sernin eut pour sa part toutes les terres sur la rive gauche de la rivière, depuis le ruisseau de Lagorela jusqu'à la vigne de Pierre Odon ; en outre, les honneurs des biens compris entre le moulin de Saint-Marcel, l'ancien chemin de Saverdun et celui de l'Aguarnagais lui furent cédées, à l'exception de deux pièces de terre dites *le Pratal* et *Denparatge*, qui demeurèrent aux héritiers d'Oton de Léran. Ceux-ci étaient au nombre de trois : ses deux fils, Dozo et Augier, et sa fille Galda, mariée à Bernard d'Arvigna. Les arbitres leur attribuèrent toutes les terres sises à l'ouest du ruisseau de Lagorela et toutes les honneurs[1] des domaines situés de l'autre côté du chemin de Saverdun et au delà du moulin de Saint-Marcel, dans la direction de l'est, avec un homme nommé Pierre Aicard[2].

Trente ans plus tard environ, nous relevons les noms de Arnaud Guillem et Sicfred comme seigneurs de Calmont dans des actes que nous avons mentionnés plus haut.

A une époque inconnue, le comte de Foix devint coseigneur de la terre de Calmont, dans quelle proportion, par suite de quelle circonstance, c'est ce que nous ne pouvons préciser. Ce qui est certain, c'est qu'avant l'occupation du comté de Toulouse par Alphonse de Poitiers, Roger IV, comme il le déclarait lui-même dans son dénombrement adressé au roi de France en 1263, possédait dans cette localité des biens considérables : *Tenebat... cartam partem castri Calvimontis, cum ejusdem dominationibus, et ibi tenebat suam aulam et habebat multos homines et casalagia propria*[3]... Cette place importante lui fut enlevée par le comte de Toulouse, qui fonda une bastide sur l'emplacement de l'ancien bourg fortifié[4]. Cependant, le comte de Foix ne cessait de se plaindre de la perte de cette ville et de ses dépendances, *de quibus fuit spoliatus per dominum comitem Tholosanum*, qui valait, au dire même d'Alphonse, plus de 160 livres tournoises de revenu[5].

A la mort du comte de Poitiers et de Jeanne, Calmont avec le Toulousain fut réuni à la couronne de France (1271).

Le roi, devenu seigneur de cette terre, en disposa vraisemblablement en faveur d'un de ses serviteurs, Bernard Saquet, que nous voyons mentionné en qualité de coseigneur de Calmont dans les premières années du quatorzième siècle. Sa descendance conserva cette seigneurie jusque vers le milieu du siècle suivant.

Le 17 juillet 1323, Guilhem, seigneur de Calmont, donnait sa

---

1. Le mot honneur, *honor,* qui désignait le droit de suzeraineté d'un seigneur sur l'étendue d'une terre, étaitféminin.

2. Arch. de la Haute-Garonne, fonds de Saint-Sernin, nᵒ 6, liasse 19, tit. XIV.

3. *Hist. de Languedoc,* édit. Privat, t. VIII, col. 1512.

4. *Ibid.,* t. VI, p. 930.

5. *Ibid.,* t. VIII, col. 1732; t. X, col. 90.

fille Indie en mariage à Gui de Comminges, chevalier, fils du comte de Comminges. Les principales dispositions du contrat portaient sur la constitution d'une somme de 4,000 livres tournoises qu'Indie apportait en dot et sur l'affectation d'une rente annuelle de 400 livres qui devait reposer sur le lieu et le château de Pada, en Navarre. Si cette localité ne pouvait donner la somme entière, la différence serait prélevée sur une terre du Toulousain ou à *Blogon* (?), selon l'estimation des experts. Dans le cas où les époux décéderaient sans enfants, les biens reviendraient aux plus proches parents. Ce pacte de mariage fut signé à Mondonville en présence de Bernard, comte de Comminges; Bernard Jourdain, comte de·Lisle; Pierre-Raymond de Comminges, d'une part; et de Guilhem, seigneur de Calmont; Bernard Jourdain de Lisle, seigneur de Launac; Pierre-Raymond de Castelnau, Pierre de Cunho, damoiseau, d'autre part. Nous relevons encore sur la liste des nombreux témoins de cet acte, Me Bernard de Gensac, docteur ès lois; Me Jacques Vivat, jurisconsulte; Hugues Jordain de Lisle... Me Étienne de Cossaco, notaire de Toulouse, rédigea et retint la charte[1].

Le comte Gaston II de Foix reçut en 1336, pour les services rendus au roi de France, le quart des moulins de Calmont avec leurs revenus s'élevant environ à 30 livres parisis annuellement[2]. Philippe VI, préoccupé par les graves difficultés avec l'Angleterre qui allaient provoquer la sanglante guerre dite de Cent Ans, avait besoin de rattacher plus fortement à sa cause les grands vassaux de la couronne dont le concours pouvait un jour lui être utile. On sait, en effet, que peu de temps après cette date (en 1338), le roi créait les comtes d'Armagnac et de Foix lieutenants en Languedoc et donnait à ce dernier la vicomté de Lautrec[3].

Gaston ne conserva pas longtemps la première de ces donations, et, le 5 juillet 1337, par acte passé à Paris dans la maison de Robert de Foix, frère du comte, il abandonna à Bernard Saquet, déjà coseigneur de Calmont, les droits sur les moulins que lui

---

1. Arch. des Basses-Pyrénées, E 472, orig. sur parchemin.
2. *Ibid.*
3. Cf. *Hist. de Languedoc*, édit. Privat, t. IX, pp. 503-505.

avait transmis Philippe VI[1], un an plus tôt, en présence de Bertrand de Lisle, chevalier, et Bernard de Durfort, damoiseau.

Le comte de Foix possédait en outre une grande partie du domaine de Calmont, restituée peut-être par le roi sur ses instances ; car, en 1341, il faisait donation à son coseigneur Bernard Saquet, pour les nombreux services qu'il ne cessait de lui rendre, de tout ce que le roi lui avait jadis accordé à Calmont et au Tor, consistant en rentes, juridiction haute et basse et redevances sur les fours de cette localité, propriété des bois, prés et moulins, avec la fontaine dite Merlane et le droit de pêche, etc.[2].

Au mois de juin 1342, le roi Philippe, à la requête de Bernard Saquet, lui confirma cette importante libéralité ; mais il déclara conserver la faculté de reprendre le château et les terres de Calmont quand bon lui semblerait, moyennant abandon d'autres domaines équivalents[3].

Bernard Saquet, fils du précédent, se vit encore maintenu dans la légitime possession de cette seigneurie par le roi Jean en 1352, dans les mêmes conditions exprimées précédemment.

Toutefois, Bernard Saquet, troisième du nom, eut à la fin du quatorzième siècle des démêlés avec les commissaires royaux qui lui contestaient la propriété de la terre et du château de Calmont. Le procureur général du roi dans la sénéchaussée de Toulouse, au mépris des titres authentiques que nous connaissons, exhibés par Bernard Saquet, fit saisir tous les biens de la seigneurie (1397). Le procès que dut soutenir à cette occasion B. Saquet dura quatre ans. Son procureur devant le sénéchal de Toulouse était Me Jean de Peyremale, licencié ès lois ; celui du roi, Pierre de Matet.

Après plusieurs renvois pour causes diverses et trois audiences où les parties exposèrent et soutinrent leurs prétentions, le sénéchal, Colard d'Estouteville, rendit sa sentence le 30 mai 1401. Il décida que c'était à tort que les commissaires royaux avaient opéré la saisie des domaines de Calmont dont il donna main-

1. Arch. des Basses-Pyrénées, E 472.
2. *Ibid.*
3. *Ibid.*

levée, et ordonna la restitution immédiate à B. Saquet de la seigneurie et de tous les revenus [1].

Bernard Saquet mourut vers 1440 sans héritier mâle, ne laissant qu'une fille, Jordane ou Jeanne, à laquelle il réserva en dot
la somme de 3,000 moutons d'or pour son établissement. Il dési-
gna par testament noble Antoine Tournier, seigneur de Launaguet, pour lui succéder dans toute la seigneurie de Calmont, à
charge de remettre la somme susdite à Jordane au moment de son
mariage [2].

Peu après Antoine Tournier vendit au comte de Foix, pour le
prix de 3,000 écus d'or, ce qu'il avait à Calmont (la moitié de la
seigneurie) avec tous les droits et le tiers du lieu de Château-
Verdun avec ses dépendances. Le comte s'engageait formellement
à céder au vendeur seul, pour la même somme, les domaines
qu'il venait d'acquérir. Cette vente eut lieu à Tours, en janvier 1445, devant les témoins : Raymond, chevalier, seigneur de
Vilario, et Jean de Béarn, seigneur de Nullecentis [3]. Enfin, quelques mois plus tard (octobre 1445), Antoine Tournier, par acte
passé à Avignon au palais des Papes et dans la chambre du car-
dinal de Foix, déclara renoncer entièrement à la clause de rachat
mentionnée dans l'acte de vente en faveur du comte, relativement
à la baronnie de Calmont et aux lieux de Frézenes et de Château-
Verdun [4]. L'usufruit de ce domaine fut réservé en faveur de dame
Domenge de Foix, femme d'Antoine Tournier.

Il est quelque peu étrange de voir figurer la seigneurie de
Château-Verdun en tout ou en partie dans la vente consentie par
le successeur de Bernard Saquet, alors que cette terre ne se
trouve indiquée dans aucun des titres précédents. Peut-être fau-
drait-il remonter aux dernières années du treizième siècle pour
rechercher la cause de l'existence de ce fief au nombre des domaines de B. Saquet. La terre de Château-Verdun, confisquée en
1272 par le comte de Foix au préjudice de Pons Arnaud dit le

1. Arch. des Basses-Pyrénées, E 472.
2. *Ibid.*
3. *Ibid.*
4. *Ibid.*

Vieux, condamné comme hérétique par l'inquisiteur de Carcassonne, fut donnée partie à Pons Arnaud, le *Jeune*, cousin du précédent, partie à son frère Guillem. Ce dernier serait-il le même Guillem que nous avons vu au commencement du quatorzième siècle seigneur de Calmont? On peut le supposer, sans toutefois se montrer absolument affirmatif, les documents faisant à ce sujet absolument défaut[1].

Jordane, fille de Bernard Saquet, épousa vers 1450 noble Bernard de Goyrans ou Goyrambuz, chevalier, qui requit bientôt après Ant. Tournier d'avoir à lui compter la somme de 3,000 moutons d'or représentant la dot assignée par le feu seigneur de Calmont. Tournier répondit que la seigneurie avait été achetée par le comte, qui dès lors s'était chargé du payement de cette somme. Un accord intervint entre B. de Goyrans et le comte de Foix, par l'entremise de Jean de Roquefort, juge mage du comté, le 3 juillet 1452, en vertu duquel la portion du lieu de Château-Verdun, qui avait fait partie de la succession de B. Saquet, serait remise à son gendre, à la condition expresse que le comte pourrait la recouvrer au prix de 3,000 moutons d'or, somme pour laquelle elle était engagée. Aussitôt, remise de cette terre fut faite à B. de Goyrans avec réserve de l'hommage au comte[2].

La seigneurie de Calmont passa, peu de temps après, dans une puissante famille du Comté qui la posséda jusqu'au dix-septième siècle. Le 4 juin 1463, le comte Gaston IV disposa du château et de tous les biens qui avaient appartenu à Bernard Saquet, en faveur de Jean de Château-Verdun, chevalier, pour le récompenser des services de toute sorte qu'il lui avait rendus. Celui-ci s'engagea à payer en retour une somme de 2,800 écus d'or dus par le comte et ainsi répartis : 700 à Ant. Tournier, 200 à B. de Goyrans et 1,900 à Domenge de Foix, femme du seigneur de Launaguet[3].

1. *Hist. de Languedoc*, édit. Privat, t. IX, p. 428. — Castillon d'Aspet, *Hist. du comté de Foix*, t. I, p. 398.
2. Arch. des Basses-Pyrénées, E 472.
3. *Ibid.*

Mais Ant. Tournier n'entendit pas remettre au nouveau possesseur de Calmont cette terre grevée d'un droit d'usufruit en faveur de sa femme. De là, procès entre les deux seigneurs que des amis communs parvinrent à concilier. Une transaction fut passée à Toulouse en juin 1463, en présence du comte de Foix et du seigneur de Ravat, frère de Domenge, femme d'Ant. Tournier. Il fut convenu que dame Domenge conserverait, sa vie durant, l'usufruit de la seigneurie, comprenant les oublies, les revenus du four banal avec la charge de l'entretenir en bon état, les rentes à prélever sur les vignes, terres ensemencées et bois, à l'exception du château de Frezencs et de la métairie de Viguier, qui appartiendraient à Jean de Château-Verdun. Celui-ci aura pour sa part le moulin avec ses revenus et charges; dame Domenge y prendra toutefois 100 setiers de blé par an de la main du meunier. Dans le cas où le moulin viendrait à être détruit soit par un incendie, une inondation, soit par toute autre cause, l'usufruitière ne pourrait rien exiger de J. de Château-Verdun tant que le bâtiment ne serait pas restauré. Le nouveau possesseur était tenu d'achever la chaussée commencée par la dame, et ne pouvait faire labourer et bâtir sans son autorisation.

Enfin, J. de Château-Verdun s'engageait à payer à Ant. Tournier ce qui lui restait dû par le comte pour la vente de Calmont, soit 700 écus d'or, plus 200 écus à B. de Goyrans pour racheter les rentes cédées par le susdit A. Tournier. En outre, pour s'acquitter des 1,900 écus vis-à-vis de dame Domenge, il promit de lui compter pendant trois ans, à Noël, 100 écus, et de remettre les 1,600 restant entre les mains des héritiers de la dame, quand ils lui auraient rendu la terre de Calmont quitte et libre du droit d'usufruit dont elle était grevée.

La femme d'Ant. Tournier s'était chargée de l'obit de 20 écus fondé sur le lieu de Calmont par disposition expresse du testament de son père [1].

Le 6 juin, dame Domenge ratifiait cet accord et recevait de J. de Château-Verdun 1,237 livres tournoises.

1. Arch. des Basses-Pyrénées, E 472.

Le lendemain 7 juin 1463, Jean de Château-Verdun prenait officiellement possession du château, du moulin et de la ville de Calmont, dont les consuls lui remirent les clefs et le livre terrier, après avoir juré à genoux et sur les saints Evangiles d'être ses bons et fidèles vassaux [1].

Avec Jean de Château-Verdun, sénéchal du comté de Foix, la ville de Calmont prit une part active à la lutte opiniâtre que soutinrent la princesse de Viane et le vicomte de Narbonne pour la succession du comté à la mort de Gaston (juillet 1472). Cependant, si ce puissant seigneur intervint dans la querelle comme partisan résolu du second fils de Gaston IV, il n'en prit pas moins les armes contre Madeleine de France pour son propre compte, ainsi que nous allons l'exposer.

Jean de Château-Verdun avait épousé, en 1470, Catherine, fille naturelle de Mathieu de Foix, comte de Comminges et frère de Jean I, comte de Foix. Mathieu avait constitué en dot à sa fille, par testament, une somme de 4,000 écus à prendre sur les 12,000 dont le roi lui avait accordé la libre disposition sur le comté de Comminges, qui devait faire retour à la couronne après sa mort, laquelle survint en 1453. Orpheline dès son jeune âge, Catherine avait été recueillie par son cousin Gaston IV de Foix qui la fit élever à sa cour et la maria ensuite à l'un de ses plus fidèles chevaliers, J. de Château-Verdun [2]. Un contrat de mariage aurait été passé le 21 juin 1470 par Me Sans-Dabbadie, notaire de Saverdun, par lequel Gaston constituait les 4,000 écus de dot de Catherine ainsi qu'il suit : pour la somme de 1,200 écus, abandon des revenus du lieu de Motaut; pour le reste, 2,800 écus, cession de tous les droits que le comte de Foix avait à Calmont. Catherine pouvait disposer de 400 écus sur les 1,200, le reste, après sa mort et dans le cas où il n'y aurait point d'enfants, reviendrait à son cousin [3].

L'exécution des clauses de cet acte amenèrent des difficultés,

---

1. Arch. des Basses-Pyrénées, E 472.
2. *Ibid.*
3. *Ibid.*

un long procès et même une lutte à main armée entre Jean de Château-Verdun et la princesse de Viane comme tutrice de Fran- çois Phébus, petit-fils et successeur du comte de Foix. Gaston IV était à peine mort (juillet 1472) que Louis XI, convoitant cette belle province, la faisait saisir par Jean de Château-Verdun qu'il établit gouverneur[1]. En même temps, le vicomte de Narbonne donnait au même Château-Verdun le mandat de prendre posses- sion des terres que son père Gaston lui avait abandonnées en 1468, la vicomté de Narbonne et les baronnies de Puyseur- guier, Cussac et Auterive, et en faisait par là son homme de confiance[2].

Sur ces entrefaites, Catherine de Château-Verdun mourut sans laisser d'héritier.

Le seigneur de Calmont, se conformant aux ordres du roi de France, occupa le château de Foix dont il enleva, paraît-il, pour son propre compte ou peut-être aussi pour celui du vicomte de Narbonne, 20 grosses arbalètes dites de passe, 20 armures appe- lées brigandines, 20 casques ou salades et 15 pièces d'artillerie, telles que bombardes et couleuvrines.

Madeleine de France, fortement irritée contre Jean de Château- Verdun pour plusieurs raisons : — à cause de son attachement à Jean de Foix; pour le fait de la saisie de la province et de l'occu- pation du chef-lieu par ordre de Louis XI; enfin, parce que ce sei- gneur, malgré la dissolution du mariage à la mort de Catherine, se maintenait en possession du lieu de Montaut et de la majeure partie de la terre de Calmont, — le fit sommer d'avoir à lui res- tituer sans retard les armes prises au château de Foix, les 800 écus revenant au comte sur la dot de la défunte, et de remet-

---

1. *Hist. de Languedoc*, édit. Privat, t. XI, p. 82.
2. *Ibid.*, t. XII, col. 117. — Cet acte contient en substance les principa- les dispositions suivantes : « Jean de Foix, chevalier, vicomte de Nar- bonne... conseiller et chambellan du Roy... avons fait... Messire Jean de Chasteauverdun, chevalier, seigneur de Caumont, maistre des eaux et foretz au pays de Languedoc et seneschal de Foix..., nostre procureur général et special expressement à prendre et recevoir en nostre nom pos- session... de ladite vicomté de Narbonne, baronnies de Puyseurguier, Cussac et Auterive... Donné à Guierche, le xxxme juillet 1472... »

tre entre ses mains les localités dont il avait cessé d'avoir la jouissance [1].

Sur le refus du baron de Calmont, la princesse de Viane s'empara, à l'aide de ses hommes d'armes, de Montaut, de la portion de Calmont et de sept autres localités appartenant à ce seigneur. Il paraîtrait même que des ravages nombreux furent commis par ces troupes, car le sénéchal évaluait à plus de 4,000 livres le préjudice qui lui avait été causé [2].

Madeleine alla plus loin et assiégea même son adversaire dans le château de Foix. Mais elle dut se retirer bientôt devant le juge mage de Toulouse, secondé par un corps de troupes levées à la hâte dans le comté et commandées par le capitaine Polard, qui venait, sur l'ordre du roi, au secours de Jean de Château-Verdun [3].

Le différend fut porté devant le Parlement de Toulouse, où chacune des parties fit valoir ses droits et ses revendications. Le seigneur de Calmont se retranchait derrière l'ordre du roi d'une part, et objectait, d'autre part, les clauses du contrat de mariage avec Catherine, acte dont nous avons parlé plus haut. La princesse de Viane affirmait que ce prétendu document sur lequel s'appuyait son adversaire était absolument faux et fabriqué pour les besoins de la cause. Elle demandait reconventionnellement aux dommages réclamés par J. de Château-Verdun, que les 800 écus de la dot de Catherine lui fussent restitués, ainsi que les armes enlevées du château de Foix et la somme de 500 livres tournoises montant des fruits de Montaut indûment perçus par le seigneur de Calmont depuis la mort de sa femme [4].

L'affaire dura longtemps, comme d'habitude, et il arriva que les pièces recueillies par Jean de Château-Verdun pour établir son droit furent égarées. Puis, Madeleine de France mourut en 1486, laissant le procès inachevé, et confiant à sa fille Catherine,

1. Arch. des Basses-Pyrénées, E 472.
2. *Ibid.*
3. *Ibid.*
4. *Ibid.*

reine de Navarre, femme de Jean d'Albret, le soin de mener à bien cette délicate querelle.

En 1495, le Parlement ordonna de reprendre l'enquête sur les faits allégués par J. de Château-Verdun et enjoignit à Catherine de rapporter la preuve de la fausseté du contrat de mariage de 1470. Toutefois, il déclara que la reine de Navarre pourrait recouvrer la terre de Calmont moyennant la somme de 2,800 écus, le lieu de Montaut pour 1,200, et que le sieur de Château-Verdun fournirait caution suffisante pour le remboursement de ces fonds dans le cas où l'acte de mariage serait reconnu faux [1].

La mort de Jean de Château-Verdun, la continuation des démêlés entre la reine de Navarre et le vicomte de Narbonne, puis avec son fils Gaston, duc de Nemours, pour la succession du comté, amenèrent un long arrêt dans le procès. Ce ne fut qu'en novembre 1561 que la reine de Navarre, Jeanne d'Albret, mère d'Henri IV, demanda et obtint l'autorisation de reprendre la seigneurie de Calmont en versant la somme de 2,800 écus [2].

François de Château-Verdun, qui avait succédé à son père, était alors seigneur de Calmont et baron de Terraqueuse. Jean de Château-Verdun fit élever, vers 1480 ou 1490, un château en aval de Calmont [3], au bord de l'Hers, qui porta le nom de Terraqueuse, probablement à cause de la grande quantité de sources jaillissant de tous côtés en cet endroit. Selon toute apparence, une construction plus ancienne existait déjà en ce lieu, et Jean profita des restes de cette maison fortifiée, qui était peut-être le château d'Arlun, mentionné dans une charte de 1160 précédemment citée, pour édifier une somptueuse habitation dont ses successeurs firent leur séjour ordinaire et que la Révolution détruisit de fond en comble [4].

Le baron de Calmont et ses frères les sieurs de Frézens et de Saint-Marcel [5] embrassèrent de bonne heure la cause du protes-

1. Arch. des Basses-Pyrénées, E 472.
2. *Ibid.*
3. Arch. de la Haute-Garonne, fonds de Saint-Sernin, n° 6, sac T, liasse 9, tit. XV.
4. E. Roschach, *Foix et Comminges*, p. 362.
5. Saint-Marcel est aujourd'hui une ferme sise dans les coteaux et à quelque distance à l'est de Calmont.

tantisme et se distinguèrent par leurs courses meurtrières à travers le comté et les combats qu'ils livrèrent aux troupes catholiques. Nous voyons le sire de Calmont s'emparer en décembre 1574 de la ville de Saverdun, puis faire transporter dans son château de Terraqueuse les meubles de la maison de Jean de Sobreville, aujourd'hui château de Pégulié [1]. Les habitants de Calmont, pressés par leur seigneur, au dire de Lescazes, *se treuvant si violentz par la furie d'iceluy, furent contraints de se déclarer huguenots durant le mois d'octobre 1576* [2].

Le baron de Calmont ou Caumont, comme on l'appelait, fut tué en 1580 au siège de Pamiers [3]. Laissa-t-il une descendance quelconque; ses héritiers vendirent-ils la seigneurie de Calmont, ou ce domaine passa-t-il, par suite d'alliance, dans une autre famille, c'est ce que nous ne savons pas; mais il est à constater qu'à cette époque le nom des Château-Verdun disparaît de la contrée. Le sieur de Greuil est mentionné dès le premier quart du dix-septième siècle en qualité de seigneur de Calmont [4].

Nous ne pouvons dire si ce nouveau baron de Calmont était, comme son prédécesseur, de la religion réformée; dans tous les cas, les habitants de la localité se déclarèrent partisans de Rohan dès la nouvelle de la prise d'armes de ce prince.

En août 1625, le maréchal de Thémines, s'acheminant avec ses troupes vers le Mas-d'Azil dont le siège était déjà entrepris, se présenta devant la ville de Calmont qu'il prit le 22 ou le 24 du même mois. Les habitants, au dire de Rohan [5], s'enfuirent à l'ap-

1. Voir notre *Histoire de la ville de Saverdun*, pp. 128-129.
2. Lescazes, *Mémorial historique*, p. 123.
3. J. de Lahondès, *Annales de Pamiers*, t. II, pp. 48, 50.
4. Arch. de la Haute-Garonne, fonds de Saint-Sernin, n° 6, sac T, liasse 1, tit. III.
5. *Mémoires du duc de Rohan*, collection Petitot, t. XVIII, p. 263. — Mercure François, 1625. — *Hist. de Languedoc*, édit. Privat, t. XI, p. 996. — « Ceux de Caumont, — dit Saint-Blancard dans ses Mémoires inédites, — comme courageux mais sans espérience voulurent endurer le siège contre la volonté de Brétigny qui voulait qu'ils portassent de bonne heure leurs comodités à Masères et qu'ils bruslassent leur ville. Le mareschal ayant fait aproche du canon et tirer deux ou trois coups, ceux de Caumout s'esmervueillant de la grosseur de la balle et l'ayant pezée et trouvée de 44 ou 48 livres, se résolurent à quiter le lieu, mais non pas à se rendre, pour cest

proche du maréchal après avoir mis le feu à leur ville. Selon Lescazes, ce fut l'armée royale qui livra aux flammes cette place et la démantela [1]. Le pont fut coupé, le château détruit, et quatre des rebelles, pris dans le sac de la ville, furent pendus à un arbre.

Le maréchal de Thémines se retira alors à Cintegabelle pour laisser prendre à ses soldats quelques jours de repos. C'est de là qu'il enjoignit aux consuls de Calmont de restituer au syndic du Chapitre de Saint-Sernin de Toulouse les matériaux des fortifications récemment élevées, et qui provenaient de la démolition de l'église, en vue de la réédification de ce bâtiment [2].

En 1639, dame Marthe, veuve du sieur de Greuil, était seigneur du lieu de Calmont.

La famille de Paulo apparaît bientôt après, et c'est vers 1640 environ que messire Antoine de Paulo-Grandval, baron de Calmont, Montaut, Gibel et Avignonet acquit ou reçut par voie d'hérédité la terre de Calmont [3].

Les droits seigneuriaux qu'il possédait sur ce domaine nous sont connus par une reconnaissance à lui faite par la communauté en 1672 [4]. Le vicomte de Paulo était seigneur haut, moyen et bas, et, en cette qualité, nommait un juge et un procureur juridictionnel dans cette localité. Il percevait les droits de censives en argent, grain et volaille (geline), de champart ou agrier, d'acapte et d'arrière-capte, de lods et ventes. Le fouage lui était

effet ilz sortent de la ville par un chemin qu'ils avoient assés libre, laissant des personnes pour mettre le feu qui s'en acquitarent sy bien que tout fust bruslé et se retirèrent tous dans Masères. » — Biblioth. nation. Fonds français, vol. 4102, f° 227.

1. Lescazes, *Mémorial historique*, p. 191. — « Qui fut cause que pour arrester leur félonnie et escorner leurs pernicieuses conjurations, le seigneur de Thémines, mareschal de France, ayant commandement du Roy de conduire son armée vers le pays de Foix, se transporta à Calmont, l'assiégea et le print le jeudy 21 aoust 1625. Le vendredy au soir, 22, les habitans s'estans sauvez, le feu y fut aussi-tost mis dedans par l'armée qui le demantela, abatit le pont, et quatre des rebelles furent pendus à un arbre. »

2. Arch. de la Haute-Garonne, fonds de Saint-Sernin, n° 6, sac T, liasse 1, tit. III.

3. Pièces relatives aux de Paulo, obligeamment communiquées par M. le baron Desazars.

4. Arch. communales de Calmont.

payé en blé et millet, à raison de deux pugnères de blé par feu allumant.

Tout cultivateur devait donner par paire de labourage de toute espèce une émine de blé et une de millet menu.

La banalité du moulin et du four existait encore à Calmont. Pour la cuisson de leur pain, les habitants étaient tenus d'en donner un par vingt.

En retour, tous les particuliers de Calmont avaient le droit de faire paître leurs bestiaux et de couper du bois à brûler dans l'étendue de la seigneurie; ils pouvaient aussi pêcher dans la rivière de l'Hers.

La famille de Paulo résida jusqu'à la Révolution au château de Terraqueuse qu'elle avait fait restaurer au dix-septième siècle.

En 1721, nous voyons que messire Antoine de Paulo, comte de Calmont, seigneur et baron de Saint-Jean-del-Tor, Saint-Marcel et autres places, sénéchal de Lauragais, avait à *Terracuse* un château avec chapelle, granges et écuries, jardin, parterre, moulins à eau, viviers, bassin et canal, vignes, prés, verger, bois, terre labourable et herme [1].

Le château se composait de quatre corps de logis entouré de fossés; on y voyait une tourelle d'angle dans les cours et une tourelle ronde au bâtiment du levant; enfin, quatre tours carrées s'élevaient aux quatre angles, grosse Tour, tour du Nord, tour de Madame, tour de la Nonne. La porte d'honneur, surmontée de la tour de l'Horloge, avait, à gauche, la chapelle, et, à droite, le logement des piqueurs [2].

Le dernier descendant des comtes de Paulo fut le héros de l'insurrection royaliste de l'an VII. Un épisode mouvementé de ce soulèvement a fait le sujet d'un récit attrayant dans l'excellent ouvrage de M. Roschach, *Foix et Comminges* [3]. C'est à ce moment-là que le château de Terraqueuse fut d'abord pillé, puis livré aux flammes par les patriotes de la contrée, ceux de Calmont principalement. Il ne reste plus aujourd'hui, au milieu d'un

1. Compoix de la communauté de Calmont, 1721.
2. E. Roschach, *Foix et Comminges*, p. 362.
3. *Ibid.*, pp. 357 et suiv.

parc splendide, que des constructions irrégulières, restes des anciennes dépendances du château. Mme la comtesse de Malbosc, propriétaire actuelle de ce magnifique domaine, conserve avec respect les ravissants ombrages qui abritèrent les Paulo et les Château-Verdun.

CHAPITRE III.

ORGANISATION COMMUNALE. — ÉVÉNEMENTS LOCAUX DES QUINZIÈME, SEIZIÈME ET DIX-SEPTIÈME SIÈCLES. — CONSULS DE CALMONT.

I. — L'époque exacte où la ville de Calmont fut dotée de coutumes comme la plupart des localités du comté et reçut une organisation consulaire n'est pas connue. Toutefois, il est certain que dans le dernier quart du treizième siècle des magistrats municipaux existaient à Calmont, qui jouissait très probablement alors de franchises communales concédées ou par le seigneur particulier de concert avec les comtes de Foix, ou peut-être aussi par Alphonse de Poitiers après l'usurpation de cette localité, comme nous l'avons vu plus haut. Le 27 septembre 1272, en effet, Pierre de Rocey, viguier de Toulouse, adressait aux consuls de plusieurs cités, Auterive, Cintegabelle, *Calmont* et autres, un mandement pour leur faire connaître quelles devaient être invariablement les mesures dont les bûcherons et charpentiers étaient obligés de faire usage pour le débit des bois : la brasse, le pan et le doigt[1].

Combien y avait-il de consuls, quelle fut plus tard la composition du conseil politique, c'est ce que des titres de reconnaissance viennent nous faire connaître seulement au dix-septième siècle. Quant aux attributions de ces magistrats au point de vue de l'exercice de la justice, nous ne pouvons donner aucune indication précise à cet égard.

1. Arch. de la ville de Toulouse, AA 4. — Cf. *Inventaire de M. E. Roschach*, t. I, p. 57.

Nous savons qu'il y avait quatre consuls nommés chaque année, à une époque qui n'est pas indiquée, par leurs prédécesseurs sortant de charge. Ils prêtaient serment entre les mains du seigneur ou de son juge en l'absence de ce dernier [1].

Le conseil politique était formé de douze membres dont le mode d'élection n'est pas connu, et qui s'assemblait ordinairement, au dix-septième siècle surtout, en présence du seigneur ou de l'abbé de Paulo [2].

La communauté de Calmont fut représentée aux États généraux de 1303 [3].

II. — Nous devons ici faire connaître quelques événements locaux qui sont étroitement liés à la vie communale de Calmont. Ils sont intéressants à des points de vue divers; ils font revivre d'une façon animée, par les personnages qui s'y trouvent mêlés, les usages et la vie intime d'une communauté rurale à travers le moyen âge. D'autre part, ces faits relatés en roman fournissent des sujets précieux d'étude philologique.

A la fin du quatorzième siècle, une évaluation des feux de la terre de Calmont fut faite par ordre de Gaston Phébus. Il y avait à cette époque soixante-quinze feux. Deux moulins à pastel existaient alors, comme dans toutes les localités du Lauragais, dont cette plante constituait la principale production ; ils appartenaient à Me Jean Ausclaire et à Aymat de Tapia. Dans l'énumération des chefs de famille, nous relevons des noms de notables ayant occupé des fonctions publiques à Calmont et dont quelques-uns ont été conservés [4].

Les dernières années du quinzième siècle furent marquées dans cette localité par deux événements dont le récit détaillé nous semble être de nature à intéresser le lecteur.

A l'occasion du procès que soutint, vers 1480, le seigneur de Calmont contre le Prieur, représenté par Laurent Allemand,

---

1. Arch. communales de Calmont.
2. Arch. communales.
3. Hervieu, *Recherches sur les premiers États généraux*, p. 308.
4. Arch. des Basses-Pyrénées, E 414. — Voir aux Pièces justificatives, no X.

évêque de Grenoble, différend que nous avons fait connaître plus haut, il fut procédé à l'évaluation des revenus de la seigneurie afin de pouvoir connaître la part des fruits décimaux revenant à chacun des colitigeants. Cette enquête amena la découverte de la falsification des livres des tailles de la communauté[1]. Sicard Ausclaire, sous l'administration duquel de nouveaux registres d'estime avaient été faits en 1475, eut connaissance des résultats de l'enquête et déclara qu'une fraude avait été commise au détriment de la ville, attendu que les livres ne portaient que 1,100 livres de taille alors que la somme de 1,260 avait été primitivement fixée et était du reste perçue annuellement par les consuls. Cette nouvelle, bientôt ébruitée, souleva l'indignation des habitants, qui réclamèrent une vérification scrupuleuse des comptes consulaires. Peyre de la Vaur, Gassiot et Bernard Cabano, auditeur des comptes en 1478, purent établir la fraude grâce aux grattages et à quelques surcharges mal dissimulées du registre des tailles. Les consuls de l'année précédente, Ouelhe, Chaudon et Casalbon, considérés comme les coupables, furent traduits devant le juge du lieu, Me Jean Bosquet. L'instruction dirigée contre eux mit au jour leur culpabilité, et la sentence définitive condamna Casalbon, comme principal auteur du délit, à la mutilation d'un membre, à la restitution de ce qui avait été pris sur le montant des tailles, ainsi qu'à une amende considérable, enfin à ne jamais plus être admis à la gestion des affaires communales et à être chassé aussitôt de la ville. Ouelhe et Chaudon furent contraints de rembourser leur part respective perçue sur les tailles et de payer une forte amende au seigneur.

La teneur du jugement ne devait être connue qu'au jour de l'exécution, et durant ce temps toutes les pièces du procès furent déposées chez Me Jean de Paulo, notaire de Calmont, pour être revues et transcrites. Mais celui-ci, intentionnellement ou non, fit savoir que toute la procédure de cette affaire se trouvait dans la chambre qu'il occupait dans la maison de Guillem de Saint-Geneys.

1. Arch. de la Haute-Garonne, série H, abbaye de Saint-Sernin. — Voir aux Pièces justificatives, no XV.

Prévenus de cette circonstance, les coupables imaginèrent de
dérober tous les titres établissant leur culpabilité. A cet effet,
un dimanche, pendant que la population assistait aux vêpres,
Casalbon, accompagné de deux jeunes gens de quinze à dix-
huit ans, Ramond Canilha et Georges Chaudon fils, auxquels
il avait promis deux écus qui ne leur furent jamais donnés du
reste, se rendit, en suivant les fortifications de la ville, à la
maison de G. de Saint-Geneys. Sur ses indications, l'un d'eux,
Canilha, pénétra à l'aide d'une échelle dans la chambre du
notaire, ravit le sac qui contenait toutes les pièces et le remit à
l'intéressé qui se tenait au pied de la maison tandis que Chaudon
faisait le guet. A la nuit, les coupables furent vus se dissimulant
dans les ténèbres et longeant les murailles dans la direction de
la rivière qu'ils franchirent pour prendre la route de Saverdun.
Ils se rendirent, en effet, dans cette localité chez Mᵉ Sans Dabbadie,
notaire, auquel ils confièrent le produit de leur vol.

Quelques jours plus tard, ce notaire faisait dire à Ouelhe et à
Casalbon de se transporter à Saverdun, ayant quelque chose à
leur communiquer. Les deux anciens consuls de Calmont enga-
gèrent Gassiot Cabano à les accompagner, et, une heure après la
tombée de la nuit, tous trois se mirent en route vers Saverdun où
ils arrivèrent à onze heures. Le notaire Dabbadie était couché; il
se leva à l'appel des nouveaux venus, leur ouvrit la porte,
alluma une chandelle et les introduisit dans une grande salle
contiguë à la chambre où lui-même avait son lit. Sur la demande
de Casalbon, le notaire retira d'une caisse la besace renfermant
toutes les pièces de la procédure ainsi que la sentence du juge,
qui ne comptait pas moins de cinquante-deux feuillets de papier.
Afin de la rendre compréhensible pour tous, il traduisit en roman
cette dernière pièce rédigée en latin. Après quoi, leur ayant
souhaité le bonsoir, Dabbadie revint se coucher, laissant tous les
papiers épars sur la table.

Gassiot Cabano s'étendit sur un banc et s'endormit, tandis que
les deux compères, devisant à voix basse, délibéraient sur le parti
à prendre relativement à la terrible sentence. Il fut décidé que le
registre renfermant le jugement, ainsi qu'un contrat d'obligation

de Bernard Ouelhe en faveur d'un nommé Pierre Roel, de Mazères, seraient attachés à la ceinture de Casalbon et cachés sous son manteau. Or, tandis que Ouelhe, fatigué de la marche et d'ailleurs souffrant, « *avia mal d'ancas,* » s'était assoupi sur la table, Casalbon, redoutant les effets de l'arrêt prononcé surtout contre lui, et ne se croyant pas suffisamment à l'abri quoique en possession du titre, jeta au feu toutes les pièces, avec la reconnaissance de dette. Mais il eut le tort de réveiller Cabano pour lui montrer ce qu'il venait de faire. Celui-ci se contenta de répondre : *Laissa me star, que diables me boles despertar!* et se tint coi, observant ce qui se passait. Plus tard, c'est lui qui devait révéler aux consuls de Calmont les méfaits des deux compères. La lueur de la flamme et la crépitation du parchemin brûlé arrachèrent tout à coup, le notaire à son sommeil : « *Ledit* Me *Sans, a causa del grand brutz que menet lodit proces et la grand clartat que fasia que semblava lodit foc esser pertout lo hostal, se despertet...* » Comme il demandait à ses hôtes ce que signifiait ce grand feu et ajoutait : « *Filhotz, que me aves feyt deu proces, et truffatz-vous!* » ceux-ci lui montrèrent sans répondre un amas de cendres, tout ce qui restait de la procédure. Les dépositions des témoins nous apprennent ensuite qu'après un échange de quelques paroles chacun se rendormit jusqu'au matin.

Le lendemain à la première heure ils se rendirent aux Augustins pour entendre la messe; puis, après avoir juré sur l'autel qu'aucun d'eux ne dévoilerait ce qui s'était passé, ils allèrent dîner ensemble à l'auberge du Cheval-Blanc. Ensuite les deux compères reprirent joyeusement le chemin de Calmont, sûrs désormais de l'impunité.

On pourrait se demander pourquoi les coupables n'anéantirent pas sur les lieux mêmes les documents si compromettants qu'ils avaient dérobés? Peut-être ce nouveau délit consommé à Calmont même était-il de nature à faire exercer contre eux des poursuites nouvelles, tandis qu'en transportant ces documents dans une ville voisine et par conséquent dans une juridiction différente ils pouvaient bénéficier d'une sorte d'immunité.

Quoi qu'il en soit, Casalbon et Ouelhe, de retour à Calmont, vaquèrent à leurs affaires aussi tranquillement que par le passé. Cependant, les livres d'estime qui témoignaient de leur concussion avaient été conservés, et Casalbon tenta un jour de se les procurer pour les détruire. Il essaya de corrompre le consul Cabano en lui promettant sept écus en échange des registres. Celui-ci déclara ne pouvoir les lui remettre aussitôt, mais que le lendemain il irait les déposer dans la caisse dite de Saint-Blaise à l'église de Calmont. Aussitôt Cabano courut prévenir le seigneur afin que le coupable fût pris sur le fait.

Casalbon, se voyant déjà en possession de ce livre, se hâta d'envoyer au consul une couette, deux oreillers et deux draps de lit représentant une valeur de quatre écus; puis, par Gassiot Cabano, il lui fit tenir trois écus en monnaie dans une écuelle d'étain.

A l'heure indiquée, Casalbon entra dans l'église, peu rassuré, craignant sans cesse d'être trahi et épié. Il s'approcha de la caisse, essaya de l'ouvrir; mais une terreur subite s'étant emparé de lui, il s'enfuit en courant et quitta la ville « desemparet lodit loc. » Ouelhe, qui vint quelques instants après pour connaître le résultat de l'entreprise, fut, comme son compère, saisi de frayeur et se sauva de même.

Enfin, comme épilogue à cette affaire, disons que les coupables s'accordèrent avec le seigneur moyennant une amende et qu'il leur fut permis de rentrer dans Calmont. Quant aux deux jeunes gens complices du vol des papiers chez le notaire de Paulo, après avoir été retenus quinze jours dans les prisons du château de Terraqueuse, ils furent remis à l'official de Mirepoix, où ils demeurèrent longtemps en qualité de clercs.

Pendant que ces événements se déroulaient à Calmont, un fait assez curieux se produisait aussi dans la même localité, mais dans des circonstances toutes différentes.

En 1496, un habitant de Calmont soutenait un procès contre un marchand de Mazères qu'il prétendait être son débiteur. Voyant que l'issue de l'affaire se faisait trop attendre, le demandeur Guillem Bernard, dit Peycurat, eut recours à un singulier moyen pour contraindre son adversaire, Pierre Casavant, originaire de Catalogne, à lui rembourser le montant de sa dette.

Le mercredi 8 juin de cette année, Casavant, à cheval, revenant le soir du marché d'Auterive, passa devant la porte du pont de l'Hers à Calmont. Là se trouvaient, devisant ensemble, plusieurs particuliers et notamment Peycurat, auxquels le marchand adressa ces mots : « *Dius bos do bon vespre, messieurs!* » et poursuivit son chemin vers Mazères. Peu après, comme il venait de passer l'Hers au gué de la métairie dels Gantiers et se trouvait engagé dans un petit sentier creux, il vit surgir tout à coup devant lui Peycurat, armé d'une lance et portant à la ceinture un grand braquemart. « *A Ribaud treidor*, s'écria l'agresseur saisissant d'une main la bride du cheval de Casavant et brandissant de l'autre sa longue lance, *que per la mort sancta de Dieu aussi moriras!* » Mais les buissons gênaient les mouvements de Peyrucat qui dut abandonner son arme embarrassante et arracha le braquemart de sa ceinture. Casavant essayait bien tantôt de faire reculer sa monture, tantôt de la pousser en avant à coups d'éperon pour se soustraire à la fureur de son adversaire; mais l'agresseur tenait si fortement la bride du *rossi* qu'il lui était impossible d'échapper. Le marchand tenta alors d'apaiser la colère de Peycurat par des paroles; mais ne pouvant y parvenir il s'attendait à être *murtrit et dampnificat*, lorsque survint, *Dius permetens*, Pierre Estève, baile du lieu de Saint-Marcel, qui se rendait à Calmont pour faire aiguiser des coutres de charrue. Aux remontrances de ce dernier, Peycurat répondit par de nouvelles menaces, disant qu'il tuerait Casavant quand même s'il ne consentait pas à le suivre comme prisonnier à Calmont. En présence des accusations réciproques des adversaires, le baile ordonna à tous deux de venir à Calmont s'expliquer devant le juge. Casavant voulait continuer sa route vers Mazères; mais sur la menace d'Estève d'amener son cheval, et craignant de demeurer alors à la merci de Peycurat, il consentit à l'accompagner. Seulement l'agresseur dut marcher devant le baile et le marchand, afin que ses mouvements pussent être surveillés.

Arrivés à la porte dite du Moulin, ils trouvèrent Gassiot Cabano, procureur du seigneur, causant avec plusieurs habitants. Gassiot s'informa aussitôt auprès du baile de ce qui venait de se passer, et sur les explications fournies par les deux adversaires il fit relâcher immédiatement Casavant qui se hâta de retourner à Mazères et fit garder Peycurat entre les mains du baile[1].

Nous avons vu dans le chapitre précédent les terribles effets des luttes religieuses du seizième siècle à Calmont. Durant le dix-septième, la communauté eut beaucoup à souffrir du passage des gens de guerre et de la peste.

Au commencement de l'année 1654, deux compagnies du régiment de Massanes et deux de Lafare furent logées à Calmont. Il fallut payer 27 louis d'argent en sus du logement à l'état-major du premier régiment et 250 livres au second[2].

Les habitants se plaignirent des violences et *extortions* commises à leur préjudice; mais ce fut en vain, car en juillet suivant dix-sept compagnies du régiment d'Anjou y furent cantonnées par ordre du roi. Les excès auxquels se livrèrent les soldats dépassèrent, paraît-il, toute mesure, et les consuls, aidés de M. de Monestrol, durent employer la force pour les déloger des maisons où ils s'étaient installés en maîtres[3].

Ce fut en août 1654 que la peste fit son apparition à Calmont.

Le 2 de ce mois, les consuls réunirent les habitants sur la place publique pour les informer que les trois filles de Jean Durand étant mortes de la peste dans la nuit précédente, les portes de la ville seraient désormais gardées et fermées la nuit, qu'enfin les victimes du fléau devraient être enterrées en un lieu distinct. Les ravages de la peste durèrent plus de quatre mois, car ce ne fut que le 18 décembre que les consuls constatèrent la disparition du fléau et rapportèrent les mesures sévères prises à cet effet[4].

En 1687, les magistrats municipaux de Calmont, dans le but de bénéficier de l'amortissement des biens des communautés décrété

1. Arch. de la Haute-Garonne, série H, abbaye de Saint-Sernin. (Voir aux Pièces justificatives, n° XVII.
2. Arch. communales de Calmont, Registres des délibérations.
3. *Ibid.*
4. *Ibid.*

par le roi en décembre 1686 en considération des sommes payées par la province de Languedoc, firent le relevé des terres et droits leur appartenant. Nous y relevons les biens communaux dits de Louron, de la Bulle, de Rayol, de Campa, de Massaguet ; la rue dite de Vincens ; les rives de Lhoste, de Fau, de Peyretié, Daugé, de Galache et tous les rivages de l'Hers, enfin, la jouissance du droit de pêche moyennant dix livres d'albergue[1].

A la veille de la Révolution, le bourg de Calmont était entouré de fossés de trois côtés et protégé par la rivière de l'Hers au midi ; sa population s'élevait à 1,361 habitants[2]. Il y avait, au centre de la ville, une petite place couverte où se tenaient trois foires par an et un marché chaque mercredi, deux cimetières hors les murs, l'un près de la porte de Massac, l'autre près de l'ancienne église du prieuré de Saint-Sernin[3].

III. — CONSULS DE CALMONT.

1463. Ramond Cabano, Bernard Amilhat, Pierre de Vauro.

1475. Jean Fontanier, Sicard Ausclaire.

1476. Bernard Ouelhé.

1477. Me Antoine Chaudon, notaire ; Ouelhé, Casalbon.

1478. Bernes.

1479. Jacmes Ortel, Bernard Cabano, Peyre-Roger Bartes.

1496. Bertrand de Setza.

. . . .

1535. Étienne Casalhs, Pierre Ortel aîné, Germain Crampagna.

. . . .

1654. Bernard Armentié, Izaac Bernard, Jean Galache, Jean Montels.

1656. Pierre Fontes, Jean Galache-Péchot, Paul Jorda, Jacques Gout.

1659. Jean Baquié, Jacques Domenc, François Gillis, Jean Danes.

1. Arch. du Parlement de Toulouse, Amortissements, n°s 4, 4 D, fol. 526.

2. Arch. de la Haute-Garonne, série C 2155. — On comptait 523 hommes, 465 femmes et 373 enfants.

3. Arch. du Parlement de Toulouse, Amortissements, n°s 4, 4 D, fol. 526.

1661. Paul Ribes, Paul Baron, Guillaume Cazaux, Jacques Ortel.

1663. Siméon Pradel, Étienne Ortel, Germain Cathala, Paul Ortel-Fortou.

1664. Bernard Armentié, Pierre Cazaneufve, Louis Cazals, Bernard Ortel.

1666. Étienne Saby, Jacques Cousi, Jean Gillis, Paul Ortel-Toutet.

1668. François Gillis, Paul Baron, Pascalin Cathala, Guillaume Bras.

1670. Simon Pradel, Izaac Bernard, François Ortel et Pierre Ortel-Toutet.

1673. Bernard Armentié, Paul Bernard, Jean Ribes, Jérémie Montels.

1687. Gillis, Ribes, Paul Maudet, Jacmes Casaux.

1688. Simon Pradel, Jacques Ortel, Jean Bernière, Jérémie Guichou.

1692. Antoine Rouzaut, Jean Baurbi, Pierre Gantié, Jacmes Casaux.

1699. Pierre Fenasse, Pierre Cathala, Paul Mondoux, Jean Cathala.

1700. Sébastien Gillis, Jacmes Casaux, Guillaume Capdeville, Bernard Gantié.

1704. Bernard Bernard, Antoine Calbayrac, Izaac Gaubert, Michel Capdeville.

1707. Jacques Sabi, Bernard Gaubert, Pierre Ortel-Loupou, Jean Daùgeroux.

1712. Guillaume Fenasse, Izaac Galache, André Bernière, Pierre Gout.

PIÈCES JUSTIFICATIVES

I.

1160. — *Donation de Sicfred de Léran au prieuré de Saint- Sernin de Pauliac.*

Sciendum est quod Ego Sicfredus de Laira dono et concedo
. . . . . . | déchirure | . . . . . . de Paulag et Vgoni abbati . . . .
priori de Paolag et successoribus eorum totas las aquas de las fonts
quas sunt..... de Paolag usque ad castellum Arluni et hoc donum
suprascriptum facio consilio et voluntate Petri de Laira et fratri suo
Bertrandi et Ugoni de Laira et fratri suo Petro, et prior de Paolag
debet facere mollinam in istas aquas supradictas unum vel duos et
hoc sit in voluntate priori et Sicfredus de Laira debet habere quartam partem in istos mollinos qui fuerint facti et quando acceperit
quartam partem de rebus quas exierint de istis mollinis debet.....
quartam partem in operibus istis mollinis et Sicfredus debet facere
guarenciam de omnibus amparatoribus sine inganno Vgoni abbati
ecclesie S^ti-Saturnini de Tholosa et Guillelmus de Lux priori
ecclesie S^ti Saturnini de Paolag et successoribus eorum de istud
donum suprascriptum post mortem Sicfredi de Laira debet rema-
nere partem suam Deo et ecclesie S^ti Saturnini de Paolag. — Facta
fuit hec carta in mense madii, in feria VII. S. Pontius capellanus,
S. Martinus de Hartenag, S. Petrus Amelii; regnante Lodoyco rege
Francorum, anno ab incarnatione Christi M.C.LX, in Tholosa comite
Ramundo et episcopo Bertrando, Petrus scripsit. — Istam vero cartam Petrus non scripsit sed illam de qua Ego Ramundus Martinus
publicus tabellio Savarduni istam transtuli bona fide, nichil addens,
nichil..... ad verbum, puncto ad punctum, VI.... marcii, anno Domini M^oCC^oL^oVIIII, regnante Lodoyco rege Francorum, Alfonso
comite Tholose et Ramundo episcopo. — Hujus translati sunt testes,
Guillelmus de Braciaco, Guillelmus de Montrozo, Bernardus Saba-
terius, publici notarii Savarduni.

> (Arch. de la Haute-Garonne, fonds de Saint-Sernin, n° 6,
> liasse 19, tit. XXXIII.)

II.

1202. — *Donation d'Othon de Léran à Saint-Sernin de Pauliac.*

Notum sit omnibus hominibus tam presentibus quam futuris quod Oto de Lera ..... sua propria ac spontanea voluntate, dedit semetipsum per canonicum Deo et sancte Marie et S^{to} Saturnino de Paulaco, pro amore Dei et pro redemptione omnium peccatorum suorum et pro salute anime sue, et hoc fecit in manu Galardi prioris ecclesie de Paulag et dedit matrem suam Tolsanam pro canonicam, et pro hoc totum solvit et relinquit totam dominacionem quam ipse petebat in domo S^{ti} Saturnini de Paulaco, juste vel injuste et in super, dedit totum honorem quam abet vel habere debet in alodio de Paulag in Decaliud ..... de sa Ercii in de la Ercii usque ad *instraterra* Granages et omnes dominaciones quas ibi abet vel habere debet scilicet, homines et feminas, terras ermas, ecoltas; vineas earmas ecoltas, aygas, eribas, pratos, epasten ..... e bocs, ebartas et eremum et cultum ..... epalar, evistizias, et totam dominacionem quam abet vel habere debet, in alodio de Calmonte, in de Paulag, bona fide et sine omni enganno et insuper dat domum de capite castelli de Calmonte et totum quod in domo abet, et vineam de la Gotella, et omnia que hei pertinent et ..... totam tenenciam ejus et Petrum Aycard et filium ejus Petrum Aycard et totam tenenciam eorum et totam generationem eorum et omnia que pertinent ad eum, donat Deo et Ste Marie et S^{to} Saturnino de Paulaco et Gualardo priori ecclesie de Paulag et omnibus successoribus ejus et omnia que hei pertinent ..... feudum Rogerii Gari et hoc totum donum sicut suprascriptum est, solvit et derelinquit Bernardus filius ditus Poncii ..... in omni tempore Deo et S^{to} Saturnino de Paulaco et Galardo priori ejusdem loci et omnibus successoribus ejus; et quis istud donum et istam elemosinam voluerit dirumpere, expellatur a regno Dei et sit sepultus in infernum cum Datan et Abiron, et per hoc totum donum, sicut suprascriptum est ecclesia de Paulaco debet facere unam lampadem ardere per unam quoque annum usque ..... pro anima Othonis de Lera.

Hoc totum fuit factum, consilio et voluntate Petri de Durban et Bernardi de Lera, qui mandaverunt garenciam predicti doni quem fecit Oto de Lera Galardo priori et omnibus successoribus ejus ex omnibus amparatoribus et insuper Petrus de Durban firmavit per fidem sui corporis et juravit propria manu, super IIII evangelia, ut faciat tenere totum hoc, sicut supra scriptum est in hac carta, ecclesie S^{ti} Saturnini de Paulag et Galardo priori ejusdem loci et omnibus successoribus ejus et Galardus prior ecclesie S^{ti} Saturnini de Paulaco et omnes successores ejus debent facere omnem voluntatem suam predicti doni.

Ujus rei sunt testes, Poncius Martis, Petrus Ramondi de Goirovilla et Petrus Oto, Bernardus de Calmont et Bertrandus de Rocafort, Azemarius de Paites et Bernardus Ramondi de Lux, et Ramondus Johannis, Poncius Martis et Guillelmus Baril et Folquerius est de toto testis et cartam istam scripsit, mense februarii, feria V, anno ab Incarnatione Domini Nostri Jhesu Christi M⁰CC⁰I⁰, regnante Philippo rege, Ramundo comite Tholose, deficiente episcopo.

(Arch. de la Haute-Garonne, fonds de Saint-Sernin, n° 6, liasse 19, tit. IX.)

III.

1215. — Donation de B.-R. de Lux au prieuré de Saint-Sernin de Pauliac.

In nomine Domini. Notum sit quod ego Bernardus Raimundus de Lux gravi detentus infirmitate sed cum bona memoria pro remissione peccatorum meorum et parentum meorum et ego Petrus Raimundus frater ejus, nos insimul donamus in helemosinam Deo et monasterio S^ti Saturnini, B. priori ecclesie de Calmont, *terram de las Clotas* quam Baredgius adquisivit a nobis et est in decimario ecclesie S^ti Saturnini predictam terram que per circuitum ab aliis terris nostris includitur sicut melius ad nos aliquo modo pertinere potest donamus semper et derelinquimus ad honorem Dei et utilitatem ecclesie S^ti Saturnini. Hoc actum est die dominica II ydus marcii et anno Incarnationis Christi M⁰CC⁰XV⁰; Philipo rege Francie et Fulcone Tolose episcopo. Hujus rei sunt testes : Willelmus de Alssag, prior domus Bolbone, et Romeus et Rogerius de Vila liagre et Stephanus dictus de la Capela et Willelmus Barrillus et Johannes Barrillus filius ejus et frater Willelmus R. Bossanela monachus qui hanc cartam scripsit.

(Arch. de la Haute-Garonne, fonds de Saint-Sernin, n° 6, liasse 19, tit. XI.)

IV.

1230. — Partage de la seigneurie de Calmont.

In nomine domini nostri Ihesu Christi. Notum sit omnibus hominibus hanc cartam legentibus vel audientibus quod dominus Jordanus abbas monasterii Sancti Saturnini et Bernardus de Arvinhano et domina Galda uxor ejus et fratres ipsius domine videlicet Dozo de Calvomonte et Augerius inter se concordantes venerunt ad divisionem tocius illius donationis quam Odo de Lerano olim donaverat ecclesie Sancti Saturnini de Paulhaco sicut in instrumentis illius donationis continetur. Quam divisionem predicte partes posuerunt in VII probis hominibus Calvimontis qui jurati super sancta IIII Dei evangelia in illo instrumento quod Ramundus Gotus scripsit continetur. Diviserunt predictam donationem modo per IIII divisiones quarum fecerunt duas ultra flumen Ercii et alias duas citra flumen Ercii quas diviserunt huic modo. De rivo de Lagorela sicut fluit usque ad flumen Ercii et usque ad vineam Petri Odonis totum honorem et hereditatem videlicet terras cultas et incultas introitus et exitus et omnia alia jura sicut melius includuntur infra predictas adjacencias sicut fluvius Ercii descendit versus orientem que donationi predicte pertinent vel pertinere aliquo modo vel aliquo jure Bernardus de Arvinhano predictus et domina Galda uxor ejus et fratres ipsius domine videlicet Dozo et Augerius soluerunt et omnino dereliquerunt et si quid juris in ipsis habebant vel habere debebant aliquo modo vel aliquo jure omnino dederunt domino abbati jamdicto et successoribus ejus pro omni voluntate ejus inde facienda inperpetuum. Ibidem dominus abbas predictus pro se et pro successoribus soluit et omnino dereliquid totum honorem et hereditatem videlicet terras cultas et incultas, introitus et exitus et omnia alia jura que predicte donationi pertinebant vel pertinere debebant aliquo modo vel aliquo jure ut melius continetur ultra rivum de Lagorela versus occidentem et quod juris in ipsis habebat vel habere debebat aliquo modo vel aliquo jure sine omni retentu dedit Bernardo de Arvinhano jamdicto et domine uxori ejus jamdicte et fratribus ipsius domine et eorum ordinis pro omni voluntate eorum inde facienda inperpetuum. De aliis vero honoribus predicte donationis pertinentibus predicti, VII probi homines fecerunt duas divisiones huic modo quod totum honorem et hereditatem introitus et exitus et omnia alia jura predicte hereditati seu honori pertinencia que sunt a nado de Sancti Marcini sicut melius includuntur infra viam veterem que tendit apud Savardunum et infra stratam Garnaguesam versus occidentem omnia illa que predicte donationi pertinent vel pertinere debent aliquo modo vel aliquo jure ut melius includuntur infra predictos terminos ex omnibus suis pertinenciis posuerunt pro parte una. Quam partem sicut melius includitur infra jamdictos terminos ex omnibus suis pertinenciis Bernardus de Arvinhano predictus et domina uxor ejus predicta et fratres ipsius domine solverunt et omnino dereliquerunt et si quid juris in ipsis habebant vel habere debebant aliquo modo vel aliquo jure sine omni retentu dederunt domino abbati prefato et omnibus

successoribus ejus pro omni voluntate ejus inde facienda inperpetuum. Exceptis tunc duabus peciis terrarum quas tenent Arnaldus
et fratres ejus eo loco qui dicitur *pratal* et excepta *terra denparatge*
quod totum ex suis pertinenciis dominus abbas predictus pro se et
pro suis successoribus solvit et omnino dereliquid et sine omni retentu
dedit pro emenda Bernardo de Arvinhano jamdicto et domine uxori
ejus predicte et fratribus ipsius domine et eorum ordinio pro omni
voluntate eorum inde facienda imperpetuum. Atiam vero divisionem
predicti VII probi homines fecerunt in hunc modum. Quod totum
honorem et hereditatem, introitus et exitus et omnia alia jura predicte hereditati seu honori pertinentia que sunt supra viam veterem
a vado Sancti Marcini versus orientem cum omnibus suis pertinentiis et quendam hominem nomine Petrum Aicardum ; que donationi predicte pertinent vel pertinere debent aliquo modo vel aliquo
jure et hominem jamdictum posuerunt pro parte altera. Quam partem, cum omnibus suis pertinentiis sicut melius dividitur per terminos jamdictos quantum donationi jamdicte pertinet vel pertinere
debet aliquo modo vel aliquo jure et Petrum Aicardum predictum.
Dominus abbas prefatus pro se et pro omnibus suis successoribus
solvit et omnino dereliquit et quod juris in ipsis habebat vel habere
debebat aliquo modo vel jure dedit sine omni retentu Bernardo de
Arvinhano sepedicto et domine uxori ejus predicte et fratribus ipsius
domine et omni eorum ordinio pro omni voluntate eorum inde
facienda inperpetuum. Et de omnibus donis seu solutionibus predicte
hereditatis seu honoris que dominus abbas solvit et dereliquid et
dedit sicut melius superius continetur Bernardo de Arvinhano jamdicto et domine uxori ejus predicte et omni eorum ordinio. Idem
abbas pro se et pro omnibus suis successoribus promisit et convenit
eidem Bernardo de Arvinhano et uxori ejus predicte et fratribus
ipsius domine et eorum ordinio esse bonus et firmus guirens ab omnibus amparatoribus. Similiter Bernardus de Arvinhano sepedictus
et domina uxor ejus predicta et fratribus (pour *fratres*) ipsius domine de omnibus donis et solutionibus dicte hereditatis seu honoris,
que ipsi soluerunt et dereliquerunt et dederunt sicut melius superius
continetur, domino abbati jamdicto et ejus successoribus promiserunt et convenerunt eidem abbati jamdicto et ejus successoribus esse
boni et firmi guirentes ab omnibus hominibus et feminis qui vel que
in predictis donis seu solutionibus jamdicte hereditatis seu honoris
pro eis vel ex parte ipsorum aliquid peterent aliquo modo. Et ut fir-
mius totum hoc sicut melius prescriptum est Bernardus de Arvinhano sepedictus et domina uxor ejus jamdicta et fratres ipsius domine
teneant et observent inperpetuum ..... *(formules)*..... Tocius rei predicte sunt testes ; Ramundus de Feller, prior Savarduni, et Arnaldus
de Nonicus Sancti Saturnini prior de Neraco et Petrus de Sancto Mar-

cino capellanus Calvimontis et Arnaldus de Galdino et Poncius de Sancto Gemesio et Arnaldus de Baulano et Guillermus de Braciaco publicus notarius Savarduni qui hanc cartam scripsit, mense junii, feria III, anno Incarnationis domini M⁰ CC⁰ XXX⁰, regnante Lodoyco rege francorum et Ramundo Tolose comite et Fulcone episcopo. (Charte partie.)

(Fonds de Saint-Sernin, n⁰ 6, liasse 19, tit. XIV.)

V.

1286. — Bail à fief de la chaussée du moulin.

Notum sit quod dominus Arnaldus de Villamuro permissione divina abbatis monasterii S⁽ᵗⁱ⁾ Saturnini Tholose, in presencia et de consilio et voluntate et expresso assensu conventus ejusdem loci scilicet Ramundi de S⁽ᵗᵒ⁾ Luppo, prioris claustralis; Guillelmi de Martris, prioris de Artaxona; Bernardi Guillelmi, prioris de Sos; Vitalis de Martris, prioris de Martris; Bernardi de Prinhaco, prioris de Blanhaco; Ramundi de Monte Landerio; Sancii, prioris de Liuraco; Berengarii, de Monte veteri cellararii et helemosinarii, Bernardi de Riucerio, prioris de Neraco; Bertrandi de Grenlheco; Augerii de Sarranca; Guillelmi de S⁽ᵗᵒ⁾ Amancio, magistri Sancii operarii; Petri de Varilhis et Petri de Curamoretano canonicorum monasterii supradicti, qui hec omnia et singula ita fieri voluerunt et concesserunt pro se et ejus successoribus et toto conventu dicti monasterii presenti et futuro, dedit et concessit ad feodum Bernardo Vitali Vasconis de Anelhos et ejus heredibus capud paxerie molendini aque Ysani ubi modo dictus Bernardus Vitalis tenet hedifficatum dictum capud paxerie, tali pacto dedit et concessit ei et ejus heredibus hoc feodum ut in uno quoque anno in festo omnium sanctorum reddat et defferat in Tholosa eidem domino abbati et ejus successoribus, quinque solidos Tholosanorum oblias et reyracapte alios quinque solidos Tholosanorum quando evenerit, tali etiam pacto et conditione quod dictum capud paxerie non det nec dare possit dampnum pratis ejusdem honoris circumvicinis propter innundationem aquarum et quod si clamorem inde habuerit dominus de eo pro hoc feodo fidejussores inde habeat, et quatuor denarios tholosanos justitiam si juste feodotarius fuerit inculpatus, et quod predictus feodotarius nec ejus heredes non possint dictum honorem dare ad super feodum vendere, dare vel impignorare militi, clerico, burgensi aut domui religionis ullo modo vel aliter a se alienare cur dominus possit inde perdere suos pax aut aliquid suarum dominationum; sed si dictum honorem vendere vel impignorare voluerit, faciant hoc aliis personis et locis consilio domini et reddant inde ei de unoquoque solido venditionis unum denarium et de uno-quoque solido pignoris unum obolum; insuper dictus dominus abbas pro se et suis successoribus et toto conventu dicti monasterii presenti et futuro, promisit et convenit guirire totum hoc predictum feodum dicto feodotario Bernardo Vitalis et ejus heredibus de omnibus amparatoribus. — Actum fuit hoc octava die introitus mensis decembris, regnante Phylippo rege Francorum et Hugone episcopo Tholosano. Anno ab Incarnatione Domini M° CC° octuage-simo sexto. Hujus rei sunt testes, Guillelmus de Varilhis, rector ecclesie de Baio et Bernardus Patroni notarius de Vaqueriis et Poncius Arnaldi publicus Tholose notarius qui cartam istam scripsit.

(Arch. de la Haute-Garonne, fonds de Saint-Sernin, n° 6, lias. 19, tit. XVIII.)

VI.

1336. — Donation au comte de Foix par le roi de France de divers biens à Calmont.

Philip., par la grâce de Dieu, Roy de France, savoir faisons à tous présent et avenir que pour consideracion deu bons et agréables services que nostre très cher e feal cosin Gaston, comte de Foys, nous a fait et fait encores de jorn en jorn, de grace special et de certaine science, nous avons donné et octreyé, donnons et octreyons audit comte pour li et pour ses.. successours, la quarte partie que nous avons es moulins de Caumont en la seneschaucie de Tholouse et los proffitz et emolumens dicelle quarte partie laquale avec los diz profiz, emolumens, bant par an de rente trente livres parisis ou en viron solone se que nous a esté rapporte; et que se soit ferme et stable à trois jours, nous avons fait mettre nostre seel en ces letres, sauve nostre droit en autres choses et l'autrui en toutes. Donné à Montargis, lan de grace mil trois cens trente cis, le dernier jour du mois d'octobre.

(Arch. des Basses-Pyrénées, E 472.)

VII.

1337. — Donation à Bernard Saquet par le comte de Foix de ses droits sur Calmont.

In Xρisti nomine. Noverint universi presentes pariter et futuri quod spectabilis et potens vir dominus Gasto Comes Fuxi et Vicecomes Bearnii et Marciani, gratis ét ex certa sciencia, de jure et de facto suis ad plenum ut asseruit certificatus, non vi, dolo, metu vel suggestione fraudulosa ad hoc inductus vel seductus, sed propter plura et diversa grata servicia eidem domino Comiti ut asseruit, facta et inpensa, et que de die in diem facere et impendere non desistitur per nobilem virum dominum Bernardum Saqueti militem suum, condominum de Calvomonte... titulo pure et perfecto donationis inter vivos, idem dominus Comes pro se et suis successoribus universis dedit dicto domino Bernardo Saqueti et successoribus suis pro sui omnimoda et suorum successorum voluntate perpetuo faciendo et donando... cum hoc presenti publico instrumento in perpetuum valituro eidem domino Bernardo presenti et recipienti, tradidit et transtulit, nichil sibi retinendo, quartam partem quam idem dominus Comes ex titulo graciose donationis sibi facte per serenissimum principem dominum Philippum, Dei gracia, Francie regem, habebat, tenebat et possidebat in molendinis de Calvomonte in senescallia Tholosana, ac fructus, utilitates et emolumenta predicte quarte partis molendinorum antedictorum constructorum in dicto loco de Calvomonte et in flumine Yrciali, prout ex dicta donatione eidem domino Comiti facta, quarta pars molendinorum cum utilitatibus et emolumentis dicte quarte partis et aliis juribus suis universisque prefato domino Bernardo et successoribus suis, omnia jura, voces et actiones reales, personales, mixtas, utiles, directas, civiles et pretorias et alias quascumque eidem domino Comiti ex causa sibi facte donationis vel qualibetcumque pro dicta quarta parte dictorum molendinorum ipsius quarte partis utilitatibus, emolumentis competunt, competere debent vel possunt... (formules)... De quibus omnibus et singulis, prefatus dictus Bernardus me notarium infrascriptum requisivit ut de predictis sibi retinerem et grossarem unum, duo vel plura instrumenta.

Actum fuit hoc Tholose, die Vª julii, in domo in qua tunc habitabat dominus Robertus de Fuxo, frater dicti domini Comitis, anno Domini Mº CCCº tricesimo septimo, domino Philippo, Dei gracia, Francie rege regnante, in presentia et testimonio nobilis et potentis viri domini Bertrandi de Insula militis, Bernardi de Duroforti domicelli et magistri Jacobi Bertrandi jurisperiti de Altarippa, et magistri Ramundi de Pereriis, habitatoris Calvimontis, publici auctoritate regia notarii, qui de predictis requisitus, recepit publicum instrumentum.

(Arch. des Basses-Pyrénées, E 472.)

VIII.

1341. — *Donation du Comte de Foix à Bernard Saquet de tous les droits et biens qu'il avait à Calmont.*

Gasto, Dei gracia, Comes Fuxi, vicecomes Bearni et Marsani, universis litteras presentes inspecturis. Notum facimus quod, facta nobis assignatione seu assisia per dominum nostrum regem Francie in locis de Calvomonte et de Thoro senescallie Tholosane, de omnibus redditibus, proventibus, furnis, bartis, nemoribus et juridictione omnimoda alta et bassa ac aliis in dictis locis et eorum pertinentiis, olim dicto domino regi [spectantibus, cum juridictione omnimoda alta, media et bassa, prout in literis regiis dicte assignationis, de premissis nobis concessis, plenius expressantur; attendentes grata et liberalia servicia nobis per dilectum et fidelem dominum Bernardum Saqueti militem nostrum dictorum locorum condominum, impensa et que nobis et nostris impendere non desinit incessanter; ex nostra liberalitate, certa sciencia et gratia speciali in remunerationem dictorum serviciorum nobis impensorum, omnem partem et totum jus proprietatis et possessionis, nobis ex dicta assignatione seu assisia pertinentia in furnis..... dicte ville de Calvomonte et in omnibus nemoribus et bartis infra pertinentia et juridictione dicte ville existentibus ac etiam in fonte Merlana piscaria et molendinariis dicti fontis ac pratis albaretis et aliis proprietatibus eisdem contiguis et omnibus aliis in predictis et quolibet predictorum seu pertinentiis suis et adherenciis universis ad nos, ex assignatione et assisia predictis, pertinentibus cum omnibus emolumentis ipsorum redditibus et proventibus, eidem domino Bernardo ad hereditagium perpetuum pro se et suis successoribus, et causam ab ipso habituram, donamus, tenore presentium litterarum, cedimus et totaliter transferimus . . . . . [*formules*] . . . . . Mandamus insuper nichilominus comittendo discretis viris magistris Petro Ruelli judici ordinario Comitatus Fuxi et Arnaldo de Nogareda procuratore nostro et eorum cuilibet, ut possessionem realem dictorum furnorum, bartarum, nemorum, fontis, piscarie, molendinarum et aliorum superius donatorum cum emolumentis eorumdem dicto domino Bernardo vel suis tradant et deliberent cum effectu, ipsumque dominum Bernardum uti et gaudere plenarie faciant absque alternis expectatione mandati.

Actum et datum sub sigillo nostro, in testimonium premissorum, Parisius, die IIIa mensis marcii, anno Domini MoCCCo quadragesimo primo.

Per dominum comitem. J. B.

(Arch. des Basses-Pyrénées, E 472.)

IX.

1342. — Le roi de France confirme à Bernard Saquet les donations à lui faites par le Comte de Foix.

Philip., par la grâce de Dieu roy de France, savoir faisons à tous presentz et avenir, que comme nous avons baile, délivré le chastel ou lieu de Calmont en Tholosan avec toutes ses appartenences à nostre amé e feal cosin le Comte de Foix, en rabat et déduction de mil et shinc cens livres au tournois de rente annualle et perpetrable, lesquelles nous lui estions tenus a asseoir et bailer au pais par dela pour cause du don real que nous li avons fait pour les bons et agrables services qu'il nous a fait en nos guerres et autre part, si comme en nos autres lettres sur se est plus aplain contenu ; et ledit Comte ait donné en fiet à Bernat Saquet, chivalier, un de seigneurs dudit lieu de Calmont, totz les boys que ledit Comte avoit en ledit lieu de Calmont et ses appartenences, la quarte part du four dudit lieu de Calmont et lestanc et molinar appelé de Font Merlane avec touz ses droitz et appertenences, les queles choses appartenoyent audit Comte pour cause du nostredit don et assiete, si comme dudit don fait audit chivalier appert par letres dudit Comte et selon que en icelles est contenu plus aplein ; et iceluy chivalier nous ait fait supplier que ledit don li bulhes confermer, nous inclinans assa suplication, ledit don et en feudacion faites à lui par ledit Comte, des choses dessusdites, loons, agreons, ratifions et confermons de grace special et de certaine science contenoies par celle condicion et maneyre, que ce nous reprenions ledit chastel ou lieu de Calmont et remetions en nostre domaine, si comme faire le poirons deuz trois anz par certaines convenances fait entre nous et nostre dit cosin faite à lui premierament reconpensacion convenable daut part, si comme en unas letras de noustre chastelet sus ce faictes est plus aplain contenu, que nous puissons repprendre et metre en nostre domaine les choses dessusdittes données en fief audit Bernat, par lodit Comte comme dit est, seil nous plest et nous semble bon de faire baillié premierament et assise autant de terre et aussi convenable audit Bernat au plus pres que on porra bonnement dudit lieu de Calmont, en la forme et maniere que tenuz estions à faire audit Comte, et que tant..... en soit baillie et assis audit Comte, et s'il avenoit que nous feissions mandement à noz genz quils reprissent ledit chastel et lieu de Calmont et feissent recompensacion autre part audit Comte, pour ce ne volons nous pas qu'il repregnent les choses dessusdites données audit Bernat, se il navoient de ce, mandament de nous en especial, et au cas que lesdites choses li demouriont, il les tendra à toutz jornz de nous en fief et en omage en la manière quil le devoit tenir dudit Comte, mais ou cas que nous les reprenionz, recompensacion li en sera faitte en la manière que dit est ; et que ce soit ferme et stable a toutz journz, nous avons fait mettre nostre seel en ces lettres. Sauve nostre droit en autres choses et l'autrui en totes.

Donné à Boys de Vincennes, le VIIIe jour du moys de jun, lan de grace mil troiz cens quarante et deuz.

(Arch. des Basses-Pyrénées, E 472.)

X.

Feux de Calmont à la fin du quatorzième siècle.

CALMONT DE MOSSENHER.

P. de Guires.
Johan Ausclayre.
Johan de Johan.
A. Balaguié.
B. de Prat.
Johan del Prat.
Jacmes Canilha.
Azemar Galayran.
Lo moli pastelli de M. Jeh. Ausclayre.
Lo moli pastelli de Aymat de Capia.
Lo moli bladi de Mossen....
Lo port.
. . . . .
Jacmes.....
B. Montairet.
Guilhem Oliva.
B. Duran.
R. Mir.
P. R. Armengau.
B. Mir.
A. de Campranha.
Belenguier de Campranha.
B. Mir filh de R.
P. Coscausa.

B. Auriol.
Candelh.
R. Steve.
Guillem de Tapia.
Leretie de P. Auzclayre.
Le filh de G. de Tapia.
P. de la Roca.
N. Jordana.
J.....
Johan Canilha.
P. Beray.
P. Debelscat.
Johan Enge.
P. de Paolha.
Bertran Calmera.
R. de Brus.
. . . . .
Galharda Paubra.
Colometa Cavastiera.
R. Deromengassen.
Mastre Johan Obelhier.
Guilhem Gressa.
R. Gardo.
P. de Laurac.
A. Rigaud.
Jacme Obelhier.

A. Tornier.

. . . . .

... Combret.

... De Sera vicla.

Guilhem de Pis.

Johan Fornier.

R. Desulharat.

Na Brayda.

Lo Comanday deu Tor.

La Granya de Bolbona.

LXXV — focx.

(Arch. des Basses-Pyrénées, E 414.)

XI.

1452. — Solutio dotis nobilis Jordane sive Johanne Saqueta.

Anno Domini M°CCCC°L°II° et die tercia mensis julii ; cum nobilis Bernardus Saqueti miles, dominus de Calvomonte dies suos clauserit extremos condito prius valido testamento in quo heredem suum instituerit nobilem Anthonium Tornerii domicellum de Launagueto, et in dicto testamento reliquerit nobili Jordane sive Johanne Saqueta filie sue ad suum maritamen, summam trium milium mutonum auri et deinde, dictus Torneri vendiderit locum de Calvomonte cum aliquibus aliis bonis et terris egregio et potenti viro domino Gastoni comiti Fuxi cum honere predicto, et deinde dicta Jordana copulata extiterit in matrimonio cum domino Bernardo de Goyrambuz milite et dictam summam eidem constituerit, et deinde dictus de Goyrambuz requisivisset dictum Torneri ut solveret summam predictam trium millium mutonum, et dictus Torneri dixisset quod dominus comes Fuxi qui terram emerat cum illo honere tenebatur, et deinde tractatum institisset inter honorabilem et circumspectum virum dominum Johannem de Rupeforti in legibus licentiatum procuratorem majorem totius comitatus Fuxi ex una et dominum de Goyrambuz ex alia, quod dominus de Rupeforti pro et nomine dicti domini comitis traderet et liberaret domino de Goyrambuz, locum de Castro verduno seu partem et portionem contingentem et pertinentem hereditati dicti domini Bernardi Saqueti condam cum conditione quod hinc ad certum tempus posset pretio soluto locum seu partem sibi traditam recuperare et cum predictis dicta Jordana quictantiam faceret dicto Torneri et domino comiti Fuxi prout per dictas partes ibi dictum fuit et assertum, et non restaret nisi quod traditio fieret dicto de Goyrambuz et dictus dominus Comes quictantiam suam haberet hinc est. Et anno et die predictis, dictus dominus procurator prout de sua procuratione fidem facere promisit de die in diem et tradere pro inferendo in publico instrumento et tradiderit dicte nobili domine Jordana sive Johanna Saqueta licet absenti dicto de Goyrambuz ejus marito et procuratore prout de sua procuratione constat hujus tenoris.

In nomine domini, amen, etc., que in presenti libro, folio CC, XVI, una mecum notario ut persona publica pro ipsa stipulante et recipiente et dictum locum de Castro verduno seu partem et portionem que expectabat et pertinebat domino Bernardo Saqueti condam in dicto loco et pertinentiis ejusdem et ad habendum, tenendum, possidendum et hanc autem traditionem fecit ad causam dicte dotis et pro pretio trium millium mutonum auri predictorum retento homatgio prestari solito de quibus dictus de Goyrambus fuit contentus et nomine quo dictum est dominum comitem Fuxi absentem dicto domino procuratore una mecum notario ut persona publica pro ipsis stipulantibus quictavit et consentiit quod quictantia facta per nobilem Anthonium Tornerii *eidem* comiti Fuxi existens in manibus nostris sibi tradatur, liberetur, et dictus procurator domini comitis Fuxi dedit majorem valentiam et omnia jura quo ad dictam partem sibi traditam. Exuens investivit per tradictionem cede et promisit tradere possessionem de die in diem et pactum fecit de non agendo, promisit esse guirens bona dicti comitis yppothecando et obligando, et renuntiavit ad plenum et voluit compelli per rigores sigilli majoris senescallie et vicarii Tholose...

Testes magister Johannes Solati in decretis baccalarius et Manaldus de Manederio etiam Tholose habitator...

> (Arch. des Basses-Pyrénées, E 472. — Cahier du notaire Guilhem Peyronis, contenant seize ou dix-huit actes concernant les Tournier, seigneurs de Launaguet, et les Goyrans. Dans la maison de Jean Guiraud, juge ordinaire de Toulouse, rue Peyrolières — *in carreria Payroلierarum.*)

XII.

1463. — Donatio domini Johannis de Castro verduno.

Anno Domini M° CCCC° LX° III° et die quarta mensis junii; cum nobilis Anthonius Tornerii scutiffer dominus de Leonagueto heres nobilis domini Bernardi Saqueti militis domini de Calvomonte condam, vendidisset magnifico et potenti viro Gastoni, Dei gracia, comiti Fuxi, locum de Calvomonte, cum juridictione alta et bassa, mero mixto imperio et jura in eodem loco sibi pertinentia que condam solebant esse domini Bernardi Saqueti et sibi pertinere in dicto loco de Calvomonte diocesis Mirapicensis cum juribus et pertinentiis suis cum pactis, conventionibus et sub pretio in instrumento inter ipsos confecto contentis et expresatis. Et deinde dictus dominus Comes dictum locum seu partem et portionem ejusdem per aliquod tempus tenuerit et tenerat de presente, considerans plurima servicia sibi impensa per nobilem Johannem de Castro verduno militem, volens benefficium ingratitudinis evitare, gratis pro se et suos successores, dedit donatione pura et irrevocabili inter vivos facta, dicto domino Johanni de Castro verduno militi presenti, stipulanti, omnia jura... voces et actiones sibi pertinentes in dicto loco de Calvomonte et pertinentia ejusdem seu partem et portionem quam tenere solebat dominus Bernardus Saqueti et Anthonius Tornerii ejus heres, cum juridictione alta et bassa, mero mixto imperio ad habendum, tenendum et per modum et formam quos tenere solebant dictus Bernardus Saqueti et Anthonius Tornerii predecessores sui. Hanc autem donationem fecit pro sua mera voluntati et pro pluribus et diversis serviciis sibi impensis; de quibus fuit contentus et eundem quitavit et ad fines ut teneantur solvere et solvat summam duorum millium octingentorum scutorum auri dicto Tornerii, summam septingentorum scutorum auri et domino Bernardo de Goyrambiz ducentorum scutorum auri et domine de Fuxo uxori dicti Tornerii summam decem et novem centum scutorum auri terminus inter ipsos concordandos et dictum dominum comitem relevet indempnem. Exuens investivit per concessionem presentis instrumenti seu quasi, pactum fecit de non agendo, promisit esse guirens ex parte sua et suorum bona sua obligando; et ibidem dictus dominus Johannes de Castro verduno promisit dicto domino Comiti presenti et stipulanti solvere dictam summam duorum millium octingentorum scutorum auri et dictum dominum Comitem relevare indempnem, bona sua obligando, renuntiaverunt ad plenum et voluerunt compelli per rigores curiarum Comitatus Fuxi sigilli majorum regii senescalie et vicarium Tholosane, dominus comunis dominorum de Capitolio Tholose et altera ad plenum captione bonorum et captis autem arrestationibus personarum suarum, et constituerunt procuratores in dictis curiis secularibus, notarios ordinarios dictarum curiarum qui nunc sunt et erunt, et voluerunt ordinari cum consilio sapientorum.

Testes honorabiles et circumspecti viri domini Menaldus de Cassalibus legum doctor, Johannes de Ruppe forti licenciatus in legibus, baccalarius in decretis, judex Comitatus Fuxi, dominus Leonardus de Campa longua, abbas de Sorda, existans... dominus Ramondus Arnardus de Monte Bardono, miles.

(Arch. des Basses-Pyrénées, E 472. — Même cahier.)

XIII.

1463. — *Accord entre Ant. Tournier, seigneur de Launaguet et Bernard de Goyrans.*

Sieguen se las convenensas faictas et acordadas entre Mossen Jehan de Castel verdu, cavalier, segnor de Caumont, d'una part, et le noble Anthony Tornier, scudier, segnor de Launaguet, d'autre part, en la maniera que sen siec :

Et premierament a causa de la donation que Monseinher lo Compte de Foix ha faicta aldict Mossen Jehan de Castel verdu, de la part que era deldit segnor de Launaguet, los dessusdits se so acordatz èn presentia et am voluntat de monseignor de Ravat, fraire de la noble Domenga de Foix, molher deldit Anthonii Tornerii de las causas dejos scriutas que la Dona de Launaguet desusdit demorera dona et usufructuaria tant com viura et prendra las rendas, so es assaber; las oblias del loc de Calmont coma a acoustumat despeys que Monseignor lo Conte lo ly retournet.

Item parelhement, prendra ladita dona lo profieyt del forn de Calmont ayssi coma a acoustumat et sera tenguda de reparar et tenir reparat lodit forn de las causas neccessarias.

Item tendra las vignes et terra et los boscatges que se apertenen aldit loc, exeptat lo castel de Frexens et la boria del Viguie am totas sas pertenensas, loqual castel et boria tendra lodit Mossen Johan per possedir et far totas sas vouluntatz ainsi que bo lor semblara.

Item lodit Mossen Johan tiendra et possedira lo moly deldit loc am toutz sos proufitz et cargas (et) la dona de Launaguet prendra cascun an sur lodit moly cent cestiers de blat tant com viura per la ma del molinie ses demorar negun mandament deldit Mossen Johan.

Item al cas que se endevengues la ho Dieu no plassia, que l'ayga ne menava la payssiera ho lo moly se perissa per desfortuna de ayga ho de foc ho autramen, que ladita dona no prendra ny poyra compellir lodit Mossen Johan ny los sieus à pagar losdits cent cestiers de blat entro per tant que lodit moly sera retornat... et apres prendra lodit blat coma dessus.

Item que lodit Mossen Johan fara acabar lo talo de la paxiera si tal qual, ladita dona a faict commensar tout al lont de la paxiera.

Item lodit Mossen Johan aura incontinent lostau lo que es davant lostau de ladicta dona per ne far a sas vouluntatz et ladita dona tendra lostau deldit seignor.

Item lodit Mossen Johan poyra far laborar et bastir vivent la dona tota la senhoria de Caumont, la hount la dona no fassa labora ho bastir nonobstant la reservation dels ususfruictz.

Item lodit Mossen Johan pagara aldit segnor de Launaguet per las causas dessusdictas et per los ususfructz que ly son deugutz a causa de la crompa de Caumont, encontinent set cens scutz et deux cens a monseignor Bernard de Goyrambus, segnor de Goyrans, et aysso per recoubrar las rendas las quallas lodit segnor de Launaguet a vendudas aldit senhor de Goyrans al loc et senhoria de Caumont.

Item lodit Mossen Johan pagara a ladita dona de Launaguet la soma de detz et nau cens scutz en la forma et maniera que sen siec, so es assaber ; a la festa de Nadal prop danament venedora, la soma de cent scutz, et de Nadal en ung an, autres cent scutz, et deldit an, l'autre an apres venent, la soma de cent scutz, et los setze cens scutz restans apres la fy de la dona de Launaguet, a sos heretiers, et los-dits heretiers seran tengutz de baillar aldit Mossen Johan ho a ses heretiers lodit loc de Caumont am toutz sas apertenensas encontinent pagada ladita soma de xvi^c scutz, laquala soma ly es deguda a causa de la venda que lodit segnor de Launaguet a fayta a Monsenhor de Foix.

Item que ladita dona de Launaguet sera tenguda de pagar lo hobit de vingt scutz, loqual hobit Mossen Bernard Saquet, senhor de Caumont, al temps passat a laissat en son testament sur lo loc de Caumont tant quant viura, et, apres sa mort, descargara ho laissara descargar lodit loc de Caumont, et lodit seignor de Launaguet et ladita dona fundaran et assetiaran lodit obit sur lo moli batan loqual lodit segnor de Launaguet a faict far en ladita senhoria de Caumont, et, en cas que lodit moli no abastaria a pagar cascun an lodit obit, losdits senhor et dona de Launaguet forniran so que ly falhira sur toutz lors autres bes et aquelz yppothecaran et obligaran per las causas dessusdictas tenir et accomplir, et lo loc de Caumont lais-saran et baillaran aldit Mossen Johan tout franc et tendran quicte deldit obit.

Item lodit Anthoni Tornie fara ratiffica las causas dessusdictas a madona de Launaguet, sa molher, de jour en jour et de hora en hora a la premiera requisition deldit Mossen Johan et ly baillaran la pos-session realle et corporalle, exeptat de las causas desus al adita dona reservadas por sa vida et las somas dessusdictas aprop sa fy.

Et per major fermetat de las causas dessusdictas, losdits Mossen Johan de Castelverdu et Anthoni Tornié en las presens convenensas se son soubz scriutz de lors mas proprias. Faict a Tholosa, lo quart jour de jun lan M° IIII° LXIII.

(Archives des Basses-Pyrénées, E 472, même cahier.)

XIV.

*1463. — Prise de possession de la seigneurie de Calmont
par Jean de Chateau-Verdun.*

Anno Domini M° CCCC° LX° III° et die septima mensis junii, in platea communi, ante ecclesiam loci de Calvomonte et coram dicto de Castro verduno sedente supra quandam travem, tenendo librum missale supra janua cum cruce Te igitur. Venerunt, Ramundus Cabanon, Bernardus Amilhatii, Petrus de Vauro, consules dicti loci, cum pluribus singularibus et habitatoribus ejusdem loci et portaverunt claves ejusdem loci quas domino de Castro verduno tanquam condomino dicti loci tradiderunt, in signum possessionis et dominationis, quas ibidem recepit et in manibus dictorum dominorum consulum commendavit. Deinde sibi tradiderunt librum terrerium, continentem quatuor manus papiri seu circa in quo erant centum septuaginta quatuor folia et erat copertus cum pelle vituli pelucta, ut prima facie apparebat; quam etiam dimisit in manibus consulum et ibidem dicti consules, genibus flexis, tenendo manus unus post alium supra librum, juraverunt esse boni et fideles, dicto de Castro verduno, et pro signum suum et honorem suorum custodire et etiam plures habitatores dicti loci levando manus dextras, juraverunt et promiserunt esse fideles et bona sua obligando et consules bona consulatus obligando.

Testes. Dominus Benedictus de Ligno presbiter, Vitalis de Labatz brasserius, Guilhermus de Menvilla...

(Archives des Basses-Pyrénées, E 472, même cahier.)

XV.

1478. — Procès des consuls de Calmont.

Déposition de Gassiot Cabano. — Gassiotus Cabano, nativi et habitant del loc de Calmont, dieucesa de Mirapeys, de atge de LX ans ou environ, jurat de dire bonne vertat sus las causaus contegudas en la present rubrica, loqual a depausat en lo loc de Calmont, lan mil quatre cens noante et quatre et lo xme jour de jun; presens : mestre Bernard Gueyta, notary et lioctenent de Mossen Johan Vesiac, licenciat en leys, jutge deldict loc, et Auge de Casanova, baille deldict loc.

Et premierement, interrogat si sap que en los temps passatz Perbernart Ouelhe, mestre Anthony Chaudon, notary, et Bernard de Cassalbon et autres sian estades falcifficadas nengunas stimas et que sus aquo y aja agut nengun proces entre le procurayre deldict Senher et losdicts Ouelhe, Chaudon et Casalbon. Ditz esser vertat que lan mil quatre cens septante et cinq, el que parla, Johan Fontanier et Sicard Ausclaire desa entras deldict loc foguen cossols deldict loc et duran le cossolat foguen faytas stimes novelles des bes mobles et inmobles et autras causas talhablas en lodict loc et aquelles faytas et complidas ung jour el que parla, lodict Casalbon et Sicard Ausclaire et Pe Carles deldict loc estant en lostal deldict Sicard Ausclaire a regardam lasdictes stimas, el que parla volguet prendre lasdites stimas et las sen portar enta sa maison per assomar aquam pujavam. Et aquo vesen ledict Ausclaire disegon aldict lo que parla que el no las sen portara point, car els no avian affer a cause de que el las laissec star et non poguet saber aquant pujavam; mes demoren en la ma deldict Sicard, et sen talheron las talhas deldict a lasdictas stimas tres ans apres so es a saber deldict Bernard Ouelhe et ses compagnos cousols lan septante sieys, mestre Anthony Chaudon et sos compagnos cousols lan septante sept et deldict Bernes et de sos compagnos, lan septanta et hueyct. Et pendent ladicte annee deldict Bernes de septanta et hueyct, cum fos estada enpausada una tailha en lodict loc, ung jour per la ves, venguet lodict Sicard Ausclaire en lodict loc de Calmont et demandet aldict lo et a dautres deldict loc a quam aviam partida ladicte tailhe en la stima deldict loc, a quam pujavam et li foc dict per lodict lo et autres que a unze cens liuras et qualque petit mes montavan lasdictes estimas, et aquo dit, lodict Sicard Ausclaire va dire que ladicte ville era raubada et los populars de laquelle de plus de cent liuras per cascung an, car lasdictes stimas montavaz a quatorze cens liuras et mes per que foc mogut grant brut et proces entre lesdicts populars, et ung chascung volguet veser lasdictes stimas. Et losdicts Casalbon, Chaudon et Ouelhe foguen metutz en proces per davant lo juge deldict loc et foguen preses losdicts libres de las stimas et de las tailhas de ladicte ville per la ma del baille deldict loc et de mandement deldict juge. Et vesen lodict Bernes lo cas et la falcification dessusdicte descuberta, cremet ung libre de tailha que el levava, loqual era fait segon lastima de quatorze cens liuras et plus. Et ne baillet ung autre segon la stima de unze cens liuras et razegen a lasdictes stimas le mes de unze cens liuras en tant que el foc trobat et vist que lasdictes stimas eran stadas rasudas et falcificadas. Et foc tant procedit contre els per justicia que la causa venguet a sentencia et lo proces baillat al juge et tout vist per lodict juge, la sentencia condennada contre losdicts Ouelhe, Chaudon et Casalbon. Et cum per la ves fotz notary ordinary de ladicte ville et deldict jutge, mestre Johan de Paulo, notary de novel constituit, lodict juge avia delivrat lodict proces aldict de Paulo et cometut a vuar lasdites sentencias a mestre Ramond Gaubert, notary de Sancta Gavella et lioctenent de juge en aquo subrogat; et pendent lo terme de vunar ladicte sentencia, cum lodict de Paulo se fos vantat et aguessa dit que el avia losditz proces sentencia et lo tout, et fos alotghat a lostal de Guillien de Sainct Genes deldict loc et aqui en una cambra tengues toutes sas escripturas, procurat fos per los susditz de Casalbon que losditz proces et sentencia fossatz raubatz aldict de Paulo, cum foc feit per Ramond Canilha et Georgi Chaudon filz deldit mestre Anthony Chaudon, losquals per laves eron encores joves de quinze et de detz et hueyct ans, losquals desplanconen ladicte cambre per dessus et sen anem ab lasdictes scripturas et las deliuren a las mas de mestre Sans de Abadia, notary de Savardu, loqual en aprop scriuguet une lettra alsdicts de Casalbon et Ouelhe; cum lodict mestre Anthony Chaudon fos deia mort que anessan aldit loc de Savardu a luy, car el lor mostrera lodit proces et lo tot et els y anen et... lodit lo en disent que lodit mestre Sans lor avia escript que menassan aldit lo, cum foc feit et el y anet en lor companya et partiren deldit loc de Calmont que era ja mes de una hora de noyt et arriben aldit loc de Savardung et hostal del mestre Sans environ unze horas de noyt, lodit mestre Sans estan en son lieyt et se leva per ubrir alsdits Ouelhe, Casalbon et lo et en aprop alluguet son lun et disset aissi en affieyt alsdits Ouelhe et Casalbon : Per las plagas de Dieu nou seratz pas totz penuz et deffeyt alluca une candella et traguet unas biasses de une caissa ont eran losdits proces et sentencia, et aquels destropec aqui sus la taula et legit, et en lodit proces avia cinquante et dos feulhs de papie et ladicte sentencia era scripta apart en ung feulh de papie à la fin deldit proces, conteuia ladite sentencia que lodit de Casalbon fos condempnat a certa pena de mutulation de membre del qual non ly membra point per lo long temps que a passat et une grande esmenda pecunaria aldit senher et aussi ben aldit loc de Calmont, et pagar a nostre senher le Rey deso que ly era degut per la talha, et lodit Bernat Ouelhe a pagar aldit senher vingt cinq ou cinquante lieuras tornesas et certas autres causes que no luy recorda point, et lodit mestre Anthony Chaudon non era compres en ladicte sentencia per so que era ja mort et era stat condempnat a donar al dict loc cinquanta liuras, et en aquo se era acordat et obligat el vivent, et lodit mestre Sans avia prese ladicte obligansa el estant en arrest en sa maison et avant que el pogues esser elargit. Et ditz lodit lo que lodit juge non avia pas procedit a touta la rigor que el podia per so que lo avian festeghac el estant audict loc de Calmont fasen las informations sus so dessus et luy avian donnatz x escuz per estrenna et ditz a saber

lodict lo per so que los dits Casalbon et Ouelhe ly hoc an dit et notif-
ficat. Item ditz lodit lo que vist losditz proces et sentencia en lasditas
beassas et cayssa et se tornet dormir en son lieyt. Et el estant en
lodit lyeit, lodit de Casalbon traguet lasdites beassas et proces de
ladicte caissa, proces et sentencia et ung instrument que y avia gros-
satz en loqual los bes deldit Bernard Ouelhe eran tengutz a Peyre
Roel de Maseras en certa somma de argent; et cum tenguessan losdits proces, sentencia et instrument entre lors mas, et lodit de
Casalbon disset : El val mes que ne fassan sacriffici; volen dire que
ac cramessan, et lodit Bernard Ouelhe dissec que mes valia et aquo
ausen lodit lo, dissec que el no sey consentia point et non ac volia
pas per que apres delibereguen de non le cremar, mes que ac sen por-
tessen. Et de fait ac estagueguen sus la sinta de par darre deldit
Casalbon per soque avia manto et que ac portesse amaguat. Et aprop,
cascung se mettet a dormir sus la taula et bancz que eran en la sala
deldit hostal deldit de Abadia. Et cum el que parla dormes, et estessa
alongatz, lodit de Casalbon tustet aldit lo disent aissi en effieit :
« Compay. Et lodit Bernard Ouelhe aquo ausen disset aldit de
Casalbon mal grat ne aja dins que lo vous laissei essar, et lodit de
Casalbon disset aras pardiu ac beyra. Et aquo aussen lodit lo se levet
et vic losditz proces et instrumens al foc que cremavan et fassian
une grand clartat, non pas lodit instrument per so que non podia cremar aus se rumava. Et so vesen, lodit lo disset : Filhotz a so es mal
fait, et apropoz se boteguen a dormir comme dessus, et lendema maty
lodit mestre Sans se levec et anec en ladite caissa cossirar lasdites
escripturas et non y trobet cap per so que era stat cremat cum dessus
es dit, mes dissec : Filhotz que me aves feyt deu proces et truffats
vous ges. Et feyt tout so dessus et apres plusors paraulas entre els
agudas, els totz sen anen als Agustis deldit loc de Savardung per
ausir messa et aqui ausen messa et aquelle ausida, els notiffican aldit
mestre Sans et en lo hort delsdits Augustis, cum avian cramadas
lasdites escripturas. Et cum lodit mestre Sans se maliges et fes sem-
blan que li dezplagues, losditz Casalbon et Ouelhe ly ban dire quel
non era pas raso que el aguessa perduda sa pena mes ly prometen
certa somma dargent per que se tauzes, et lodit mestre Sans a la fin
fes jurar aldit de Casalbon et Ouelhe devant lautar en dressan las
mas en aquel que jamais non lo 'descubirian de so dessus. Et feyt
lodit sacrament et dinnat que agueguen, sen torneguen vers lodit loc
de Calmont. Et cum aqui fossan, fassen cascung sas besonhas; et
fossan cossols per labes, Jacmes Ortel, Bernard Cabano et Peyre
Rogie Biartes, deldit lóc; lodit de Casalbon se transpourta aldit
Bernard Cabano, cossol, en lo pregan que volgues fer en maniera
que els aguessan lasditas estimas falcifficadas et rasudas, car els
lo estrenaron be, et afi final ly prometeron dounar sept escuz per

que lor deliures lasdites estimas, et james lodit Bernard Cabano non lor volguet permetre de deliurar lasdites estimas, mes foguet tal pacte que lodit Bernard Cabano las debia mectre en una caissa en la gleysa deldict loc de Calmont apelada de 'Sainct Blasy. Et aqui lodit de Casalbon devia anar desbotar ladicte caissa per aver lasdictes estimas. Empero lodit Bernard Cabano a la fin non gauset procedir en so dessus sens que non ac fessa a saber aldit senher de Calmont, et segon que eldit lo pensa lodit senher luy a conseilhet que ac fessa per que lodit Casalbon fos pres sus lo feyt. Et pensan sus asso, lodit lo et entendent que lodit senher y sabia, anec abisar losditz Ouelhe et Casalbon que no se fisessan point aldit Bernard Cabano, car els y foren trompatz, et mes losditz Ouelhe et Casalbon non volgueron estar per lodit lo aus voliam aldit Bernard Cabano una cossena et dus aurelhes et dus lensols per solution et paga de quatre escutz et tres escutz anec sercar lodit lo ab hostal deldit Bernard Ouelhe et eran en moneda sen una escudella destang, losquals deliuren lodit lo aldit Bernard Cabano de mandement desdits Casalbon et Ouelhe. Et en aprop eldit lo aviset aldit de Casalbon, mes non obstant tout aquo, lodit de Casalbon se transportet a ladicte gleize per fer so dessus et en qualque maniera sentic que era spiat et non gausec actemptar so dessus, mes sen tornet et sen fugic et deleisset lodit loc et sa habitation. Et lodit Bernard Ouelhe venguet daqui a la porte de ladicte gleisa et semblablement desemparet lodit loc et bens, et en aprop els estans fugititz els tractan quelque accord ab lodit senher, mes avant que lodit senher volgues aplanider que sen tornessan en lodit loc, els agueguen a depausar de so dessus et ne dire la vertat, cum feguen en las mas de mestre Miquel Bastissa, notary de Maseras, et el que parla foc pres per so que non volia despausar et de dire la vertat de so dessus, et a la fin final losdits Bernard Ouelhe et Casalbon foguen acaratz ab lodit loc et els disens audit lo que disses la vertat que els la avian dicte, et en aprop el que parla depausec et dissec la vertat desso dessus cum dessus et dit et prenguet sadite deposition lodit mestre Miquel Bastissa.

Item lodit Gassiot Cabano, ajustan a sadite deposition, ditz que per so que es contengut en sa deposition, losdictz Canilha et Georgy Chaudon son estatz preses et menades a Mirapeys comme clercz et aqui longuement detengutz. Nondit autra causa.

(Arch. de la Haute-Garonne, série H, abbaye de Saint-Sernin.)

XVI.

1495. — Arrêt du Parlement de Toulouse relatif à la reprise du lieu de Calmont par la reine de Navarre.

Touchant l'arrest prononcé en Parlement entre dame Katherine, royne de Navarre, comtesse de Foix et de Bigorre, impetrant et demanderesse et aussi deffenderesse, d'une part, et messire Jehan de Chasteau-Verdun, chevalier, deffendeur et aussi demandeur, d'autre. La court a ordonné et appoincté par sondit arrest que ledit de Chasteau-Verdun ou ses héritiers feront fere ou reffere l'enqueste sienne, laquelle a esté esgarée et perdue devers ladicte court, et que les tesmoings... de certain instrument de constitucion de dot faicte par feu messire Gaston de Foix, comte de Foix, à dame Katherine de Foix ou contraict de mariatge d'entre elle et ledict de Chasteau-Verdun de la somme de deux mille et huit cens escutz lors courans. Pour laquelle, iceluy messire Gaston de Foix bailha à ladicte dame Katherine en gage et jusques à ce icelle somme fust payée entièrement, sa part et portion de la place, terre et seignourie de Caumont, produit iceluy instrument par ledict de Chasteau-Verdun et receu par feu maistre Sanx de Labaye, not. de Savardun, le xxme jour de jung lan mil IIII cent septante, et se dargué de fault par ladite dame Katherine, royne de Navarre, seront de et sur le contenu audit instrument ouys et examinés, et pourra ladite dame Katherine, royne de Navarre, prouver plus amplement, se bon luy semble, la faulseté diceluy instrument par elle pretendue, et ledit de Chasteau-Verdun ou ses héritiers aussi prouver au contraire ; et lesdits enquestes faictes, rapportées devers la Court et sera faict dedans le premier jour de janvier prochainement venant et joinctes au proces, sera faict droict aux parties, et ce pendant, a ordonné et ordonne la Court, que ladite dame Katherine, royne de Navarre, comtesse de Foix, en payant et bailhant réalment par elle audit de Chasteau-Verdun ou ses héritiers ladite somme de deux mille et huit cens escutz de la valeur que estoient au temps dudit contraict de mariage, aura et pourra recouvrer ladite part et portion de la place de Caumont, baillée comme dit est en gage, et pour icelle somme, en bailhant aussi en ce cas par ledit de Chasteau-Verdun ou ses héritiers, caution suffisant de rendre et restituer ladite somme en cas que ledit instrument soit trouvé, dit et déclaré fault et que par fin de cause soit dit que fere se doye.

Et, en oultre, a ordonné et ordonne la Court que, en bailhant et paiant realment par ladite dame Katherine audit de Chasteau-Verdun ou ses héritiers, la somme de six cens escutz d'or aians cours au temps dudit contraict de mariage, d'une part, et bailhant caution par elle de paier audit semblable somme de six cens escutz, d'autre. Pour lesquelles sommes montant à onze cens escutz, et pour ledit dot, ledit feu messire Gaston de Foix bailha en gage audit de Chasteau-Verdun et dame Katherine, mariez, la place de Montaut, icelle dame Katherine, royne de Navarre, pourra avoir et recouvrer et luy sera bailhée et livrée icelle place de Montaut, ensemble les fruitz, prouffitz et emolumentz dicelle, le tout par manière de provision pendant le proces et sans prejudice des droiz des parties, tous despens réservés... le VIᵐᵉ, mil IIII cents IIII XX et quinze.

(Arch. des Basses-Pyrénées, E 472.)

XVII.

1496. — Déposition de Pierre Casavant, victime d'une agression de la part d'un habitant de Calmont.

Petrus de Casavant, mercator oriundus loci de Alsona in Catalonia nunc vero a viginti duobus annis citra et ultra habitator loci de Maseriis, etatis triginta sex annorum seu circa, juratus dicere et deponere ac testifficare veritatem de et supra contentis in rubrica presentis informationis et aliis super quibus interrogatur qui deposuit in dicto loco de Maseriis, die nona mensis junii anno Domini millesimo quadrengentesimo nonagesimo sexto, et dixit se tantum scire et verum esse — que yer darre passat que era dimecres hoiteme deldict mes de jung cum el loquent ses anat al mercat de Autariba per alcuns ses negocis negociar passet per lo loc de Calmont vesen que ac bolguet beyre en anan aldict Autariba et negociar et feytas que aguet sas besoignas et affers, lodit lo sen tournec et pres son camin vers lodit loc de Maseras et passec pres lodit loc de Calmont et vers la porta del pont deilhers deldit loc en la quala abia beaucop de gens deben deldit loc de Calmont entre losquals y era Guillien Bernard deldit loc de Calmont, alsquals lodit lo saludet disen : « Dius bos do bon vespre, messieurs. » Et dicta la salutation lodict lo tirec son camy tout a cheval sus son rossi tiran son camy bers lodict loc de Maseras. Et en continuam sondict camy bers lodit loc de Maseras anec passar alga que es pres de la borda dels Gantiers et en la ribiera de Lers et passat que aguec lodict gua salhen de ladicta ribiera per ung petit pas estret que es de ios ung camp de Pe de Capdevilla deldict loc de Calmont et de ung bartas que y abia cum lo pas ses estreit gessit lodict Guillien Bernard alias Peycurat et ung gran bromarc a la sinta disens talas au semblans paraulas : « A Ribaud treidor que per la mort sancta de Dieu aussi moriras. » Et en disen lasdictes paraulas ab la une ma prenguet la brida del rossi deldict lo per lo dampnatgar et murtrir ; et besen lodict Peycurat que a causa del bartas que en lodict pas era, no se podesso aiudar ab ladicte lansa, gectet ladicte lansa aldict bartas et arrenquet lodict broquemard. Et se besen lodict lo tant que poguet tirec ladicte bride deldict son rossi en darre per veire se poguera scapar a la furor et granda malicia deldict Peycurat. Et lodict Peycurat a ronsen ab lodict brocamard estotz contre lodict lo. Et se besen lodict lo que non podia scapa tiran en darre piquet des esperons tant que poguet per far tirar sondit rossi en avant, mes per so que lodict Peycurat tenia si fort ladicta brida que no foc possible aldict lo de scapa. Et sen besen lodict lo cum aguessa sa spaza al coustat non li bolguet arinquar mes ab dessas paraulas lo plus que podia bolia amortar la granda malicia et furor deldict Peycurat disen : A senher Peycurat asso nes pas feit dung merchant de demorar las gens agueyt pensat als passes ne boler murtrir las gens aussi cum feitz. Et disen lasditas paraulas et contenden entre lodict Peycurat et lodict lo, Dieus permetens benguet Peire Esteve, baille del loc de Sainct Marcel en la juridiction deldict loc de Calmont, loqual anan agusar sas relhas aldict loc de Calmont besen et ausen lodict Peycurat ab lodict lo... survenguet bers lodit Peycurat et li disens tals au semblans paraulas en affieit : « A Peycurat es asso tor de homme de be asalhir aissi las gens sus lo camy public agueyt pensat ny ab armes tract bolen las aissi murtrir ; vos avez mal feyt et gardas que be vos enprengua car hieu non volria aver feyt so que vous avez feit per tout quant hieu he valen. » Alqual baille lodict Peycurat respondet tals au semblans paraulas : « Si fare per la plagues de Diu, en quare que bous y fossetz que el no passara si no per mas mas. » Volen dire deldict lo que el le aussigera et gectera daquest mon en lautre, tenen tout jour lodict bracamard en la ma et lodict rossi deldict lo per la brida et menassan tout jour lodict lo en la presencia deldict baille de lo murtrir et dapnifficar en blapheman lo nom de Nostre Senher Jesus, et lodict lo se ausen dissec aldict baille : « Monsenher lo baille hieu bous requeri al sacrament que bous tenez a justitia que bous menbre dasso cum aquest homme, volen dire deldict Peycurat, mes assailhit agueit apensat, aissi en aquest pas per me murtrir et dapnifficar aissi que bol fer en vostre presencia. » Et apres beaucop de brut et question aqui aguda deldict Peycurat dissec aldict baille : « Aquest Ribaud traidor mes tengut et hieu no podi esser paguat en justitia ne autrement, mes per las plagas de Diu, hieu ne passarei las mas a bous requeri que leu menes prisonnier a Calmont. » Et lodict lo so ausen respondet : « Hieu non bous pense esser de res tengut, car nostra causa es en justicia, et quant justicia aura conegut sere tout prest bous contentar lo que aparera bos sia tengut, et protesti contra bostra persona et bes de totz domaiges et interesse et destric que men poiria avenir. » Et feitas lasdictes protestations, lodict baille dissec aldict lo : « Jo bos commandi larrest ab my que me agas aseguir al loc de Calmont sus pena de detz solz. » Alqual mandement et arrest lodict lo dissec et aldict baille respondet : « Monsenher lo baille, jo non y consente point, mes proteste commedict he, car non aves degun mandement per me prendre. » Et lodict baille ausen las protestations deldict lo respondet aldict lo que el no lo detengera point et que sen anessa promes que detenguera lo rossi per la requisition que lodict Peycurat ly fasia, et lodict Peycurat cum lodict lo disessa que el non laissera point lodict rossi per so que no era de res tengut aldict Peycurat, et el amaria mes anar aldict loc de Calmont per oberir a justicia que non pas laissar sondict rossi, et dissec : « Per las plagas de Diu, encores que lo baille ny mai tu Ribaud tacau no ac bolguessatz, tu y anaras au jo ti trairey las tripes del corps. » Lasquallas paraulas dictas cum lodict baille disessa aldict lo que lo seguissa vers lodict loc de Calmont, et lodict lo aguessa paor de esser dampnifficat per lodict Peycurat, se metet a seguir lodict baille vers lodict loc de Calmont. Et en caminam, lodict Peycurat aguet son rossi que era aqui a la barta aldict pas et fossa montat dessus ab sa lansa en la ma et sondict braquemard al coustact et seguissa lodict per darre, lodict baille doctan se que lodict lo fossa dampnifficat per lodict Peycurat, fer botar lodict Peycurat premier et losdicts baille et loquens aprop, entre que foguen aldict loc de Calmont et disent beaucop de approbus ontas et vilanias aldict lo. Et quant foguen aldict loc de Calmont, lodict baille anec ensems ab losdictz lo dict Peycurat a Gassiot Cabano, procuraire deldict senhor deldict loc, loqual trobeguen pres de la porta del moly bladier deldict loc ab plusors autres habitans del loc al qual Gassiot et autres lodict baille dissec cum lodict Peycurat abia feit prendre lodict lo, alqual baille lodict Gassiot dissec et demandet per que lodict Peycurat avia feyt prendre lodict lo, et lodict Peycurat dissec que per so que ly era tengut lo abia feit prendre ; et lasdictas paraulas ausidas, lodict lo respondet que no ly era en res tengut, au plus tost lodict Peycurat era tengut aldict lo. Et so ausen lodict Gassiot Cabano cum no aparessa ne estessa en ferm de so que lodict Peycurat demandava aldict lo, dissec aldict baille que relaxesse lodict lo, so que lodict baille fec. Et faita ladicte relaxation deldict lo, cum eldict lo se astessa per lodict loc parlan ab ungs et autres plusors habitans deldict loc disseguen aldict lo que lodict Peycurat, quant lodict passec per la porta devers lo pont de Lhers et del oratori de ladicta porta, lodict Peycurat volia salir a tota autransa et forsa fora deldict loc de Calmont, tout a cheval, armat et enbastonat per anar contre lodict lo, mes Bertrand de Seza, cossol deldict loc de

Calmont, no permetet ne bolguec permetre lo laissar gessir per ladicte porta ; et besen lodict Peycurat que no era pogue sailhir per ladicte porta anec sailhir per la porta del moly per laqualla anet tant que poguet gessir ala davant deldict lo aldict pas aissi que fec.

— Interrogat lodict lo si lodict Peycurat toquet ny blassec lodict lo, diz que no per so que en li tiran los estotz et pitz lo rossi se reculavia et se ….. tout jor et accause deldict loc que era estreit et en cousta no lo toquet point Diu permeten, mes si lodict baille no fes sorvengut cum fec lodict Peycurat aguera mort lodict lo.

— Interrogat lodict lo si el abia agut brut ne question ab lodict Peycurat, ditz que non et non ditz plus. Sic signatum, Peyre Casavant. Ita est.

(Arch. de la Haute-Garonne, série H, abbaye de Saint-Sernin.)

XVIII.

1625. — Ordonnance du maréchal de Thémines pour la reconstruction de l'église de Calmont.

Le marquis de Thémines, mareschal de France, lieutenant général pour le Roy au gouvernement de Guienne et commandant son armée en Languedoc.

Sur la requeste à nous verballement faicte par le scindic du chappitre Saint-Sernin de la ville de Tholose et veu l'ordonnance donnée par M. le Comte de Carman et Président de Caminade, commissaires depputez par le Roy au pais de Languedoc, pour la desmolition des fortifications, entre autres de la ville de Caumont, du vingtiesme may mil six cens vingt trois. Nous avons ordonné et ordonnons qu'à l'effet de rédiffier lesglize proposée par ledit scindic dans la paroisse dudit Caumont dont ledit Chappitre est prieur, les matériaux du clocher et des desmolitions des nouvelles fortifications aux boutz du pont qui se trouvent avoir esté prinses de leurs esglizes, leur seront baillés, faisant inhibition et deffense a toutes personnes….. donner aulcun empeschement audit scindic, à peyne de quatre mille livres et d'en respondre en leur propre et privé nom.

Faict au camp de Ste Gavelle, le vingt cinquiesme jour d'aoust mil six cens vingt cinq.

THÉMINES.   Par Monseigneur,
                                   LACOURT.

(Arch. de la Haute-Garonne, fonds de Saint-Sernin, n° 6, sac T, liasse 1, tit. III.)

XIX.

1697. — *Arrêt du Conseil du roi en faveur du curé de Calmont au sujet de sa contribution aux frais de la reconstruction de l'église.*

Sur ce qui a été représenté au Roy étant en son conseil, que les habitants de la paroisse de Calmont dans la province du Languedoc, au diocèse de Mirepoix, ayant abjuré en 1685 la R. P. R., cela donna lieu de bâtir une nouvelle église capable de contenir les anciens et nouveaux catholiques, auquel effet Sa Majesté auroit accordé dix-huit cents livres pour aider à ce bâtiment et le Chapitre de Saint-Sernin de Toulouse y aurait fait travailler ayant les trois quarts des fruits-prenants, et comme le sieur Jean-François de Lussy, curé dudit lieu, a l'autre quart desdits fruits, ledit Chapitre les aurait fait saisir pour se rembourser du quart des frais de ce bâtiment et de ceux des ornements de ladite église, ce qui l'aurait obligé de recourir au sieur de Baville, conseiller ordinaire de Sa Majesté en ses conseils et Intendant de justice en Languedoc, pour expliquer la volonté de Sa Majesté au sujet de ladite somme de dix-huit cents livres, lequel aurait certifié, le 15me avril 1690, que Sa Majesté avait donné ladite somme pour aider à la construction de ladite église de Calmont, à condition que ledit curé serait exempt d'y contribuer; après quoy se trouvant encore pour le même sujet inquiété, ledit sieur de Baville aurait, par son ordonnance du vingt et un juin suivant, ordonné que ce qu'il avait certifié sortirait son effet. Cependant comme les mêmes poursuites ont continué et que par là ledit curé se trouve n'avoir pas de quoi vivre, puisqu'à peine ledit quart des fruits est suffisant pour sa subsistance et les charges ordinaires ; ouï le rapport et tout considéré ; le Roy étant en son conseil a déchargé et décharge des frais du bâtiment et ornements de ladite église, au moyen desdites dix-huit cents livres, que Sa Majesté a cy devant données, fait en conséquence pleine et entière mainlevée audit curé des saisies qui ont été faites pour raison de ce par ledit Chapitre, tant sur le quart des fruits qu'autres choses appartenant audit curé.

Fait au conseil du Roy, Sa Majesté y étant, tenu à Fontainebleau, le quatorzième jour d'octobre, mil six cent quatre-vingt-dix-sept.

LOUYS.   *Par le Roy,*

                                                PHILIPPEAUX.

Avec commission sur ledit arrêt adressé à M. de Bâville.

A la suite de l'acte précédent, la note suivante.

Le sieur curé de Calmont prétend être exempt de contribuer au quart des réparations et ornements de l'église de Calmont, parce que le Chapitre de Saint-Sernin n'a point fourni à proportion du don que Sa Majesté a fait en sa faveur, puisque la bâtisse de ladite église n'a coûté que 4,000 livres, y compris les 1,800 livres. D'ailleurs ledit Chapitre n'a point fourni les ornements nécessaires et n'a point mis ladite église dans l'état convenable, n'y ayant jamais eu ni balustre, ni tabernacle, ni aucun des ornements, ni vases sacrés qui manquent depuis que ladite église est bâtie.

(Arch. de la Haute-Garonne, fonds de Saint-Sernin, n° 6, sac T, liasse 9, tit. X.)

TABLE

––––

Toulouse, Imp. DOULADOURE-PRIVAT, rue S¹-Rome, 39. — 954

IMPRIMERIE ET LIBRAIRIE ÉDOUARD PRIVAT

RUE DES TOURNEURS, 45, TOULOUSE.

DU MÊME AUTEUR

Notice historique sur Saint-Quirc (couronné par l'Académie des Sciences, Inscriptions et Belles-Lettres de Toulouse). 1 vol. in-8° raisin. Toulouse, 1886 .... 3 »

L'Abbaye de Calers, 1147-1790. Notice et catalogue des archives de l'abbaye. 1 vol. in-8° raisin. Toulouse, 1887 .... 3 »

Cintegabelle au quinzième siècle (Document inédit). 1 broch. in-8°. Toulouse, 1888 .... 1 50

Plaque de ceinturon de l'époque mérovingienne (Description et planche). Broch. in-8°. Toulouse, 1889 .... 1 »

Dénombrement du comté de Foix sous Louis XIV. Étude sur l'organisation de cette province, suivie du texte du dénombrement. 1 vol. in-8° raisin. Toulouse, 1889 .... 4 »

Un épisode des guerres religieuses du seizième siècle à Saint-Ybars (Ariège). — (Extrait du *Bulletin de la Société Ariégeoise des Sciences, Lettres et Arts*). Broch. in-8°. Foix, 1890 .... 1 »

Deux lettres de Louis XIII et du maréchal de Thémines (1625-1629). — **Une lettre de Mgr de Berthier,** évêque de Rieux, concernant les nouveaux convertis (1698). — (Extrait du *Bulletin de la Société Ariégeoise des Sciences, Lettres et Arts).* Broch. in-8°. Foix, 1890 .... 1 50

Histoire de la ville et de la châtellenie de Saverdun, dans l'ancien comté de Foix (couronné par l'Académie des Sciences, Inscriptions et Belles-Lettres de Toulouse). 1 vol. in-8° raisin. Toulouse, 1890 .... 6 »

L'Abbaye de Vajal, dans l'ancien comté de Foix (1125-1195). Broch. in-8°. Toulouse, 1891 .... 1 »

Le Paréage de Pamiers entre le roi Philippe le Bel et l'évêque Bernard Saisset en 1308. Texte inédit, publié pour la première fois. — Broch. in-8°. Toulouse, 1891 .... 2 »

Sépultures mérovingiennes de Venerque (Haute-Garonne). Étude et planche. (Extrait de la *Revue des Pyrénées*). Broch. in-8°. Toulouse, 1891 .... 1 »

Documents inédits sur l'Abbaye de Boulbonne, dans l'ancien comté de Foix, avec plan. (Extrait de la *Revue des Pyrénées*). — Broch. in-8°. Toulouse, 1891 .... 2 »

Testament d'Arnulphe de Montesquiou, seigneur du Vernet, 1568. (Extrait de la *Revue de Gascogne*). Broch. in-8°. Auch, 1892 .... 1 »

Le diocèse de Pamiers au seizième siècle, d'après les procès-verbaux de visite de 1551. (Extrait de la *Revue des Pyrénées*). Broch. in-8°. Toulouse, 1892 .... 1 50

Testament de la vicomtesse de Lautrec, 1343. (Extrait des *Annales du Midi*). Broch. in-8°. Toulouse, 1892 .... 2 »

La seigneurie de Navès. Étude historique sur un fief du pays de Castres, 1244-1750. (Extrait de la *Revue du Tarn*). Albi, 1892 .... 2 »

Étude sur les sépultures barbares du Midi et de l'Ouest de la France. Industrie wisigothique. 1 fort vol. grand in-4° avec 35 planches, 1 carte et figures dans le texte. Toulouse, 1893 .... 30 »